AF249368

EMILE PERRIER

MEMBRE DES ACADÉMIES D'AIX, DE MARSEILLE ET DE VAUCLUSE

Ancien Président de la Société de Statistique de Marseille

LES
CHEVALIERS DU CROISSANT

ESSAI HISTORIQUE ET HÉRALDIQUE

VANNES

IMPRIMERIE LAFOLYE FRÈRES

1906

LES

CHEVALIERS DU CROISSANT

*Extrait, à cent exemplaires, de l'Annuaire
du Conseil Héraldique de France*
1906

EMILE PERRIER

Membre des Académies d'Aix, de Marseille et de Vaucluse
Ancien Président de la Société de Statistique de Marseille

LES
CHEVALIERS DU CROISSANT
ESSAI HISTORIQUE ET HÉRALDIQUE

VANNES

IMPRIMERIE LAFOLYE FRÈRES

1906

LES

CHEVALIERS DU CROISSANT

I.

Modèle des chevaliers et le dernier des troubadours, le roi René concentra autour de lui et fit briller d'un suprême éclat les rayons d'une auréole qui, après sa mort, devaient s'évanouir, absorbés peu à peu par le soleil levant de la France. Véritable parangon de l'honneur et pénétré, au plus haut degré, de ce sentiment exquis, qui constitue le premier mobile du corps politique et son ressort le plus intense, René d'Anjou avait conçu le projet d'une institution où se reflètent admirablement son noble caractère et ses idées généreuses. Il rêvait alors la résurrection de la chevalerie qui, pendant deux siècles, avait rempli le monde du bruit de ses exploits, mais il voulait lui donner un idéal plus élevé que le prix conquis dans la lice d'un tournoi. Le glorieux paladin de la grande lutte entre la France et l'Angleterre, l'intrépide compagnon de

Jeanne d'Arc savait que l'or ne paie pas le sang versé pour le pays ; aussi, sous l'inspiration de cette grande pensée, il institua, en 1448 (1), l'*Ordre du Croissant* (2), qui précède de vingt-et-un ans le premier ordre de chevalerie créé par les rois de France, celui de Saint-Michel (3).

La nouvelle institution était l'œuvre toute personnelle de René ; il semble en avoir longtemps caressé le projet, et, une fois qu'il l'eut réalisé, il soutint sa fondation avec une passion véritablement paternelle. Peut-être l'idée lui en avait-elle été suggérée par l'établissement de la Toison-d'Or (4), qu'il avait vu naître en quelque sorte. S'il

(1) Et non pas en 1464, comme l'ont écrit plusieurs auteurs, faute d'avoir eu connaissance des statuts de l'ordre.

(2) Un ordre du même nom fut fondé à Messine, dit-on, par Charles d'Anjou, frère de saint Louis, en mémoire de la victoire qu'il venait de remporter à Tagliacozzo (23 août 1268) sur Conradin, son compétiteur au royaume de Naples. L'insigne consistait en un croissant d'or, entouré de cette devise : *Donec impleat orbem*, et suspendu à un collier. Cette institution, appelée aussi par quelques historiens italiens *Ordine della Luna* et aussi *della Mezza-Luna*, eut une très courte durée. Enfin, il a existé en Turquie une décoration connue sous le nom de *Croissant*, et que l'on considérait comme un ordre. Fondé en 1799, par Sélim III, il fut, en 1831, supprimé par Mahmoud II, qui le remplaça par le Nicham-Iftikar. C'était un médaillon au chiffre du souverain, enrichi de diamants et suspendu à un croissant. L'amiral anglais Nelson fut le premier qui ait reçu cette distinction.

(3) Fondé à Amboise par Louis XI, le 1er août 1469, pour récompenser les seigneurs de sa cour.

(4) Institué à Bruges par Philippe II, duc de Bourgogne et de Flandre, le 10 janvier 1430, en l'honneur de la sainte Vierge et de saint André, afin de perpétuer le souvenir de son mariage avec Isabelle de Portugal. Palliot n'a pas manqué d'énumérer, dans *La vraye et parfaite science des Armoiries* (t. II, p. 500), les origines fabuleuses de la Toison-d'Or. La dernière, passablement rabelaisienne, est de nature

Collier de l'ordre du Croissant
et armoiries de René d'Anjou

faut s'en rapporter à Claude Ménard (1), qui a rassemblé, au XVIIe siècle, des documents sur ce sujet, il l'aurait empruntée à l'ordre du Navire, dit d'Outre-Mer et du Double-Croissant (2). Chacune de ces institutions était, en effet, un souvenir des Croisades; mais celle du XVe rappelait, par son nom et son emblème, le goût prononcé du roi de Sicile pour tout ce qui venait de l'Orient.

On découvre, en lisant les statuts de René d'Anjou, que la pensée de ce prince était aussi d'établir une nouvelle fraternité d'armes, si touchante jadis, lorsqu'elle existait entre saint Louis et

à égayer l'archéologie la plus austère; nous renvoyons les curieux au texte naïf et très inattendu du vieil héraldiste dijonnais.

(1) Cet estimable érudit, qui nous a conservé les statuts de l'ordre du Croissant, naquit à Saumur le 1er septembre 1574. Il fut d'abord lieutenant de la prévôté d'Angers; mais, devenu veuf, il embrassa l'état ecclésiastique. On lui doit une *Vie de Duguesclin*, et la publication du texte le plus complet jusqu'alors des *Mémoires de Joinville*, d'après un manuscrit trouvé au château de Beaufort-en-Vallée, parmi les livres du roi René. Claude Ménard mourut au château d'Ardenne, chez Jacques de Cherbaye, son gendre, le 20 janvier 1652.

(2) Créé par saint Louis, en 1269, pour récompenser les seigneurs qui l'avaient accompagné en Terre-Sainte, et pour engager la noblesse à grossir l'armée des croisés. L'insigne de cet ordre, qui disparut à la mort du saint roi, consistait en un collier fait de doubles coquilles et de doubles croissants entrelacés, et au bas duquel pendait un médaillon où était figuré un navire sur des flots. « Les coquilles, dit Palliot (*op. cit.*, t. II, p. 495), représentoient la grève et le port d'Aigues-Mortes où il falloit s'embarquer; les Croissans signifioient que c'estoit pour aller combattre les Infidèles qui suivoient la Loy de Mahomet qui portoit pour armes le Croissant : et le Navire dénotoit le trajet de la mer et le voyage qu'il falloit faire pour une si glorieuse et si pieuse entreprise. » Le P. Hélyot (*Histoire des ordres monastiques, religieux et militaires*, t. VIII, p. 280) considère comme chimériques les ordres du Croissant attribués à saint Louis et à Charles d'Anjou.

Hugues de Bourbon, Clisson et Du Guesclin, « jurant de se secourir de leur personne contre tout ce qui peut vivre et mourir, et ne se séparant qu'avec une moult dure répartie ». Liens sacrés et indissolubles qui, confondant les noms de ces héros et leur intrépidité, les portaient à braver l'esclavage, les tortures et la mort. Toutefois, ce n'était point par l'obligation de se donner, pour gage de leur foi mutuelle, un cœur d'or, une chaîne, un anneau ; de mêler leur sang dans une coupe de vin circulant à la ronde ; de baiser ensemble la paix présentée aux fidèles pendant la messe, ou de recevoir en même temps la communion, que René avait l'espoir de renouveler ces amitiés durables. L'âge d'or des temps héroïques avait disparu sans retour.

Ces statuts, fort longs et plusieurs fois reproduits (1), portent la date du 11 août 1448 ; nous n'en donnerons que les extraits nécessaires à l'intelli-

(1) Notamment par Wulson de La Colombière (*Le vray Théâtre d'Honneur et de Chevalerie*) ; Dom Calmet (*Histoire de Lorraine*, t. III) ; Papon (*Histoire de Provence*, t. III) ; et le comte de Quatrebarbes (*Les Œuvres de René d'Anjou*, t. I). Trois mss. de la Bibliothèque nationale renferment les statuts de l'ordre du Croissant : fonds français, n° 25 204 (XV° siècle) ; fonds français, n°s 5605 et 24 108, reproductions faites par Claude Ménard, d'après un exemplaire qui lui avait été communiqué par les frères de Sainte-Marthe. Un quatrième ms. de la même bibliothèque, fonds français, n° 5225, contient les armoiries coloriées d'un certain nombre de chevaliers, et, dans un cinquième, n° 15077, on lit une courte notice sur les origines de l'ordre, assez inexacte d'ailleurs, rédigée au XVII° siècle. Enfin les statuts du Croissant se trouvent encore dans deux mss. de la collection Clairembault, datant du XVII° siècle (n°s 1241 et 1309) ; dans le premier, ils sont accompagnés des délibérations du conseil de l'ordre de 1450 à 1452 (il manque celles des années 1448, 1449 et 1450), provenant des papiers d'un des héritiers du greffier Jean de Charnières, et portant principalement sur les admissions, le costume des membres,

gence de notre travail. Ce n'est pas à Angers (1),
comme on l'a toujours dit, que l'ordre du Croissant
fut établi, mais en Provence, où René résidait alors.
Néanmoins, c'est saint Maurice, l'illustre chef de
la légion thébaine, le protecteur de la cité angevine,
que René choisit pour patron de l'institution nais-
sante, et c'est dans l'église qui lui était dédiée, à
Angers, qu'eurent lieu vraisemblablement les as-
semblées des premiers membres. Les blasons des
chevaliers ornèrent sa chapelle, entourant comme
une auréole multicolcre la statue du valeureux
guerrier, qui avait répandu avec joie pour le Christ
les dernières gouttes d'un sang épuisé au service
des empereurs par la flèche du Parthe et la fran-
cisque du Germain.

L'ordre du Croissant existait, par le fait, depuis
l'année précédente, puisque, dès le mois de septembre 1447, l'orfèvre Charlot Raoulin avait exécuté « ung collier de l'ordre du roy (2) », et l'on
trouve plusieurs mentions semblables dans les
comptes de la même époque ; mais il n'avait pas
encore de constitution définitive. Voici sur quelles
bases il fut établi par les règlements de 1448, rati-
fiés en conseil par René et son fils, le 23 septembre
1451.

sur la rédaction des *chroniques* et *gestes* de l'ordre, confiée au
roi d'armes, etc.

(1) Selon Hiret (*Antiquités d'Anjou*, p. 376), c'est au manoir
de Reculée, situé à une lieue d'Angers, que René aurait conçu l'idée de l'institution du Croissant. Cette résidence fa-
vorite du roi de Sicile a été appelée longtemps, toujours
d'après Hiret, l'*Ermitage des chevaliers de Los*.

(2) LECOY DE LA MARCHE, *Extraits des comptes et mémoriaux
du roi René*, n° 501. Outre cet insigne, René fit exécuter pour
son ordre plusieurs colliers d'or et des croissants brodés,
tant à son usage qu'à celui d'autres chevaliers.

L'ordre ne comptera pas plus de cinquante chevaliers, qui seront gentilshommes de quatre lignes et « sans vilain cas de reproche ». Ils jureront sur les saints Évangiles d'observer rigoureusement les statuts. Ils assisteront chaque jour à la messe, et, quand ils en seront empêchés, ils paieront un prêtre pour la célébrer, à moins qu'ils ne s'abstiennent de vin ce jour-là. Ils réciteront quotidiennement les heures de Notre-Dame, et, s'ils ne savent pas lire, ils diront quinze fois le *Pater* et l'*Ave*. Ils observeront entre eux la paix et la charité, ne porteront pas les armes contre leur souverain et obéiront au chef de l'ordre. Ils porteront sous le bras droit, tous les dimanches et fêtes, un croissant d'or, émaillé de blanc, portant cette devise en lettres bleues : *Los* (1) (ou *Loz*) *en croissant*, « sur peine de donner une pièce d'or pour chacun jour de feste qu'ils ne le porteront, si non qu'ils fussent en lieu où ils ne voulussent estre cognus ou réduits en chambre pour occasion de maladie de leur personne ». Ils seront rayés du livre de l'ordre s'ils sont infidèles à la foi catholique, s'ils se livrent aux maléfices, s'ils abandonnent leur bannière sur un champ de bataille, s'ils sont convaincus de trahison ou de félonie. Ils se réuniront chaque année, à la fête de saint Maurice (22 septembre), pour tenir un chapitre général, dans un local déterminé.

D'autres articles leur imposaient l'obligation de secourir les veuves et les enfants mineurs de leurs confrères décédés, de s'assister réciproquement en cas de maladie ou de captivité, d'avoir toujours

(1) C'est-à-dire louange, du latin *laus*.

compassion du pauvre peuple , de respecter les dames et de ne jamais médire d'elles sous aucun prétexte. Enfin la devise de l'ordre rappelait aux chevaliers « que les nobles cueurs doivent de jour en jour accroistre et augmenter leur bienfaire, tant en courtoisie et débonnaireté, qu'en vaillance et glorieux faicts d'armes (1) ».

Comme on le voit, l'institution du roi René présentait le triple caractère d'une distinction honorifique, d'une société de secours mutuels et d'une confrérie vouée à l'observation des principes chevaleresques. « Ce programme était complet ; bien appliqué, il eut suffi peut-être à retenir la noblesse sur la pente de l'individualisme et de la corruption. Mais les vertus dont on commence à réglementer l'exercice sont déjà bien affaibles, et lorsqu'on éprouve le besoin de les faire entrer dans les lois, c'est qu'elles ne sont plus dans les mœurs. La tendance de l'esprit public devait être plus forte que la généreuse volonté du roi-chevalier (2). »

« A chacune des festes de Monseigneur St-Maurice, prescrit le fondateur, les Cheualiers et Escuyers dudict ordre porteront tous manteaux longs jusques aux pieds, c'est à sçavoir les Princes de velours plain cramoisy fourrez d'hermine, les autres Cheualiers auront manteaux de velours fourrez de létices ou menu vair, et les Escuyers porteront manteaux de satin cramoisy jusques aux pieds, lesquels seront fourrez de menu vair et dessoubs les dicts manteaux auront tous robbes longues de damas gris, celle des Cheualiers fourrez

(1) HIRET, *op. cit.*, p. 378.

(2) LECOY DE LA MARCHE, *Le roi René*, t. i, p. 533.

de gris, et les autres des Escuyers fourrez de menu vair, et sur leur tête tous porteront chappeaux doublés et couverts de velours noir, mais ceux des dicts Chevaliers seront bordez d'une recte d'or et ceux des Escuyers d'une recte d'argent et est à entendre qu'iceux Chevaliers et Escuyers deburont porter les dicts manteaux, la vigille aux vespres de la dicte feste de saint Maurice et le lendemain à la messe et aux vêpres. »

Enfin, s'il faut en croire Favyn, au croissant placé sous l'aisselle droite « estoient attachez et pendoyent autant de petits Bastons d'or façonnez en Colonnes ou Ferrets d'Aiguillettes d'or esmaillez de rouge, que les Cheualiers de cest Ordre s'estoyent trouvez en Bataille, Mines ou Siège de ville. Ce qui faisoit recognoistre leur Vaillance et Prouësse (1) ». Cette particularité n'est pas mentionnée dans les statuts du Croissant, que Favyn n'a pas connus, ainsi que plusieurs anciens auteurs, tels que Belleforêt, Dupin, Bouche, et, ce qui est plus singulier, Bourdigné et Hiret, tous deux Angevins.

L'ordre fut placé sous la direction d'un chef choisi dans son sein, chaque année, le jour de la fête de saint Maurice, et qui porta le titre de sénateur. De 1448 à 1454, cette charge fut successivement occupée par Guy de Laval, René d'Anjou, Jean Cossa, Louis et Bertrand de Beauvau, Jean, duc de Calabre, et Ferry de Lorraine. Le nom des autres sénateurs ne nous a pas été conservé. Les chevaliers eurent de plus un chapelain. un chancelier, un trésorier, un greffier, un roi d'armes et un poursuivant. Le chapelain devait avoir le titre d'évêque.

(1) *Le Théâtre d'honneur et de chevalerie*, t. i, p. 868.

Cette fonction fut dévolue à l'évêque d'Orange, Antoine Ferrier, qui, ayant demandé au chapitre d'Angers, de la part du roi, l'érection d'un autel particulier dans une chapelle de la cathédrale (appelée depuis chapelle des chevaliers du Croissant), y célébra un premier office solennel, en présence des dignitaires de l'ordre, le 16 septembre 1451 (1). Le chancelier fut Charles de Castillon et ensuite Jean Breslay, juge ordinaire d'Anjou. A la mort de ce dernier, en 1473, les sceaux et les statuts (2) de l'ordre dont il avait la garde furent rendus par son fils René à la Chambre des Comptes, le 15 octobre 1473, et déposés dans ses archives. Ces sceaux étaient au nombre de deux, un grand et un petit ; leurs matrices, en argent, furent gravées au mois de septembre 1448 par l'orfèvre Charlot Raoulin ; mais celle du grand dut subir une refonte parce qu'il y avait mis une légende en français au lieu d'une légende latine. Le sceau représentait saint Maurice (3) ; le contre-sceau devait porter le blason du sénateur de l'année, accompagné, comme

(1) LECOY DE LA MARCHE, *Le roi René*, t. I, p. 534.

(2) « ... Ung petit pappier en parchemin contenant XXVIII feillez, commanczant ou premier feillet : Ou nom du père, du filz, etc. » Ce ms. est peut-être celui qui porte aujourd'hui à la Bibliothèque nationale le nᵛ 25204, et qui contient les statuts de l'ordre suivis des armoiries de plusieurs chevaliers. On aurait donc là, dans ce cas, l'exemplaire original des statuts, sinon le livre dont il est question dans les *Extraits des comptes et mémoriaux du roi René*, n° 501 : « A Pierre de Mante (aumônier de René) ledit jour (28 juillet 1448), VII florins, pour quatre douzaines et demie de fin parchemin, pour faire le livre des blazons des chevaliers et escuiers de l'ordre du Croissant. »

(3) Le saint, debout, la tête nue et nimbé, revêtu du haubert et de la cotte de mailles, armé d'une lance et d'un bouclier orné d'une croix, se voit sur le sceau de Guillaume

CHEVALIER DU CROISSANT

celui des autres membres, de l'insigne de l'ordre (1).
« On scellera, prescrivent les statuts, toutes lettres
clauses et patentes touchant ledict ordre de cire
vierge blanche pour réputation de la pureté dudict
S. Maurice et ès-lettres patentes sera le grand
scel pendant à un las de soye vermeil en l'honneur du martyr d'iceluy sainct... »

Antoine Bernard, dit Moreau, conseiller du roi
de Sicile, et Pierre Le Roy, dit Benjamin, son vice-chancelier, furent nommés successivement tréso-

de Nointel, chanoine de Tours en 1293. Il est encore debout,
mais coiffé de mailles et sans nimbe, dans le type du chapitre de Saint-Maurice de Tours, en 1368. Saint Maurice
figure à cheval, en costume de guerre du XIII⁰ siècle, sur
le sceau du même chapitre en 1241, et de l'abbaye de Saint-Maurice d'Agaune, en 1261. Dans le premier type, le heaume
conique est nimbé, les pans du bliaud descendent jusqu'à
terre et le saint est armé de l'épée. Dans le second, il porte
la lance. Les archevêques de Tours, de 1210 à 1267, offrent
sur leur contre-sceau saint Maurice à cheval, armé d'une
épée, coiffé d'un casque carré, dans tout l'attirail de guerre
du XIII⁰ siècle. Le contre-sceau de Jean de Faye, en 1270,
attire tout particulièrement l'attention : il est formé par
une pierre gravée sur laquelle le saint, une croix dans la
main, combat le dragon (J. DEMAY, *Le costume d'après les
sceaux*, p. 459). Sur le fameux triptyque de la cathédrale
Saint-Sauveur d'Aix, le *Buisson ardent*, saint Maurice est
représenté debout, couvert d'une armure, le casque sur la
tête et tenant une bannière fleurdelisée. Il figurait vraisemblablement ainsi sur les sceaux du Croissant et sur les insignes du roi d'armes et du poursuivant.

(1) « Chacun desdits Chevaliers et Escuyers de l'Ordre
sera tenu de faire mettre soubz le blason et escu de ses
armes le Croissant chamaillé (émaillé) tel qu'il le porte
soubz le bras dextre par tous les lieux et places où il fera
peindre et entailler ses dictes armes tant en sa maison où
il fera sa demeure que partout ailleurs où il voudra mettre
ses dictes armes. » L'on voit encore à Saumur dans le faubourg des Ponts, sur la façade d'une maison désignée sous
le nom de *Palais de la reine de Sicile*, l'emblème de l'ordre
du Croissant.

riers du Croissant. Ils payaient directement aux divers officiers de l'ordre le montant de leur rétribution. Jean de Charnières, secrétaire et argentier du roi de Sicile, remplit la charge de greffier. Le roi d'armes fut le sire du Houssay, qui prit le nom de *Los*. Le héraut ou poursuivant est connu seulement sous le nom de *Croissant*.

Tous ces officiers, élus à vie, ne faisaient pas partie de l'ordre, mais un costume de cérémonie était attribué spécialement à chacun d'eux. Le chancelier « portera un manteau long d'escarlatte jusques aux pieds fourré de menu vair et sur sa teste ce que bon luy semblera et pareillement le vice chancelier d'iceluy Ordre ». Le trésorier « sera habillé d'une robe longue d'escarlatte jusques en terre, fourrée dudict menu vair et aura une gibecière au costé ». Le greffier « portera robbe longue d'escarlatte jusques en terre, fourrée de menu vair et sur la teste aura un chaperon ». Le roi d'armes « portera un croissant de camaille (émail) dedans lequel seront les armes de Monseigneur saint Maurice, et dessous le dict croissant les armes de celuy qui sera sénateur pour l'année, et sera sa cotte d'armes dudict saint ». Le poursuivant d'armes « pareillement portera les armes de Monseigneur saint Maurice et sa cotte d'armes aussy et sous le croissant portera les armes du sénateur ».

Les premiers gentilshommes honorés des insignes du Croissant furent, selon l'ordre de leur réception, Louis de Beauvau ; Ferry de Lorraine ; Pierre de Mévolhon ; Jean Cossa ; René d'Anjou, qui, par un sentiment de modestie bien rare chez un prince, ne voulut pas figurer au premier rang ; Hélion de Glandevès ; Louis de Clermont ; Tanne-

guy du Châtel ; Louis de Bournan ; Pierre de Glan-
devès ; Guy de Laval ; Foulques et Raymond d'A-
goult ; Gilles de Maillé-Brézé ; Guillaume de La
Jumelière ; François Sforza, duc de Milan ; Jacques-
Antoine Marcello ; Jean de La Haye ; Pierre de
Champagne ; Gérard de Haraucourt ; Simon d'Anglure ; Jean d'Anjou, duc de Calabre ; Thierry de
Lenoncourt ; Jean du Bellay ; Jean Amenard ;
Bertrand de Beauvau ; Jean du Plessis ; Jean de
Fénestrange ; Gérard de Ligneville. Tous ces chevaliers, l'élite de la cour du roi de Sicile, furent
admis de 1448 à 1452. Parmi ceux dont la création
est postérieure figurent Charles d'Anjou, comte du
Maine ; Gaspard Cossa ; Saladin d'Anglure ; Phi-
lippe de Lenoncourt ; Jean de Beauvau ; Jacques de
Brézé ; Jacques de Pazzi ; Robert de Saint-Séverin ; Jean, comte de Nassau ; Gabriel de Valori, etc.

A l'époque de la campagne de Jean d'Anjou en
Italie, le pape Pie II, s'apercevant que ce prince se
servait de l'ordre du Croissant pour se faire des
partisans dans la noblesse napolitaine, fulmina une
bulle, le 5 janvier 1460, par laquelle il le déclara supprimé. Vengeance indigne d'un grand pontife, qui
croyait ainsi délier de leur serment les chevaliers
napolitains, incertains encore s'ils embrasseraient
le parti de Ferdinand d'Aragon contre Jean d'Anjou. Mais Pie II ne paraît pas avoir mis cette me-
sure à exécution. L'ordre continua de subsister, en
France, du moins, jusqu'à la mort de René (10 juillet 1480), sans aucune tentative de prohibition, et
le chapitre d'Angers (1) n'interrompit pas la célé-

---

(1) Dans son testament du 22 juillet 1474, René fait cette
disposition : « ... Le dict seigneur laisse et donne à la dicte
église la somme de cent livres tournois de rente annuelle et

bration des offices prescrits par le fondateur. Dans chacun de ses testaments ultérieurs, celui-ci renouvelle à son héritier la recommandation expresse de maintenir l'ordre du Croissant, « selon la manière et forme contenue ès statutz et ordonnances dudict ordre », et, sans nul doute, il n'entrait pas dans sa pensée de s'élever contre les décisions de l'Eglise. Louis XI donna même une nouvelle consécration à l'ordre de son oncle, en l'autorisant, le 14 juillet 1471, à en porter les insignes avec le collier de Saint-Michel (1), privilège réservé par les statuts aux chefs d'ordre couronnés.

Il est probable que les successeurs de Pie II, avec lesquels le roi de Sicile entretenait les meilleures relations, laissèrent la bulle de suppression à l'état de lettre morte. L'on trouve, en effet, des traces de l'existence du Croissant jusqu'au mois de mai 1480, époque à laquelle les officiers de la Chambre des Comptes d'Angers reprirent, sur l'injonction du prince, aux héritiers du trésorier Benjamin, qui venait de mourir, tous les objets appartenant à l'ordre, notamment les habits et les tentures de cérémonie remis par le défunt aux chanoines de la cathédrale, et qui comprenaient un vêtement de

perpétuelle pour dire et célébrer à jamais perpétuellement une messe basse à l'aultel de Monseigneur Sainct Maurice dernièrement construict et eddiffié en la croisée de ladicte églize à main dextre. Et pour fournir de luminayre, vestement et sonnerie à l'heure qu'elle a accoustumé estre sonnée et dicte et appelée la messe de l'Ordre du Croissant, pour laquelle rente estre acheptée par les doyens et chappitre, ledict seigneur veult et ordonne leur estre payé pour une fois la somme de trois mille livres tournois. » (QUATRE-BARBES, *op. cit.*, t. I, p. 37.)

(1) LECOY DE LA MARCHE, *Le roi René*, t. II, pièces justificatives, n° 78.

velours cramoisi aux armes de saint Maurice, à l'usage du roi d'armes, un chapeau de velours noir, dix carreaux armoriés en satin ou en velours, un drap de satin cramoisi destiné à recouvrir le siège des sénateurs, et deux écussons brodés aux armes du roi (1).

Les archives de la Chambre ne nous ont rien légué de ces précieux monuments d'une noble institution. Il ne nous reste qu'une gravure donnée par le P. Montfaucon (2), tirée des portefeuilles de Gaignières (3), qui nous montre vingt-cinq d'entre eux réunis en chapitre autour de leur sénateur, lequel est assis sur un siège beaucoup plus

(1) LECOY DE LA MARCHE, *Le roi René*, t. ı, p. 536.

(2) *Les Monumens de la Monarchie françoise*, t. ııı, pl. XLVIII.

(3) « Il n'a pas marqué, dit le P. Montfaucon (*op. cit.*, t. ııı, p. 259), où il l'avoit prise ; mais on peut bien se fier à lui ; il n'étoit pas homme à la forger de sa tête. » Ce dessin est une reproduction de l'une des miniatures qui enrichissent le poème de Marcello (voyez ce nom), « à l'entrée duquel livre, écrivait Claude Ménard, l'on voyoit une forte exelente enlumineure, la représentation de la chapelle des Chevaliers du Croissant telle que nous la voyons encore (1644), et autour les séances des chevaliers en leurs habitz, et dans la seconde feuille le portrait du bon René au naturel.. (lisez Jean Cossa), lequel livret je donnay depuis à feu Monsieur de Perezc n'ayant lors la pensée de rien laisser au public de notre histoire et depuis le deceds dudit sieur (24 juin 1637) ayant pris ce dessain, en ay écrit à Aix pour essayer d'en recouvrer une coppie, mais sans éfects... » QUATRE-BARBES, *op. cit.*, t. ı, p. 78ı. « Monsieur Perez (Peiresc), Conseiller au Parlement de Provence, dit Favyn (*op. cit.*, t. ıʼ p. 871) nous promet ses recherches, et les Joustes et Tournois de ce bon Roy René, les particularitez de ses Ordres, et d'autres que nous n'avons faict qu'effleurer. » Le ms. 1793 de la Bibliothèque de Carpentras (fonds Peiresc), intitulé : *Ordres de chevalerie*, contient (t. ı, fol. 115) une miniature très finement exécutée représentant une assemblée des chevaliers du Croissant : c'est la copie de celle du poème de Marcello, lequel n'existe pas dans les mss. de Peiresc.

élevé que les autres, où l'on montait par trois
marches. Tous les chevaliers sont vêtus de rouge,
le croissant sous le bras droit, et ils portent
un chapeau noir bordé d'or ou d'argent. Devant
une porte grillée, cinq hommes — des bas-officiers
sans doute — semblent monter la garde. Les blasons des chevaliers peints dans la chapelle (1) qui
porte leur nom à Saint-Maurice d'Angers (2) ont
complètement disparu.

Le 26 octobre 1481, date de l'inhumation du roi
de Sicile dans le tombeau qu'il s'était fait cons-
truire dans la cathédrale d'Angers, il « est assavoir
que, en portant les corps et cüeur dudit roy, et
aussi durant tout le service des deux, estoit toujours devant un herrault de l'Ordre du Croissant,
vestu d'une coste de veloux cramoisy en laquelle
estoient les armes de sainct Maurice, en l'onneur
duquel fut faicte et commancée premièrement la-
dite ordre ». Le 31 juillet 1482, le chapitre ordonna
que le grand bedeau de la cathédrale porterait aux
grandes fêtes la cotte du héraut d'armes du Crois-

(1) C'est sur des panneaux de bois, de quatre pieds envi-
ron de hauteur, qu'étaient peintes « les armes avec les
tymbres et crys d'un chacun des Chevaliers et Escuyers de
l'Ordre ainsy qu'ils sont plus anciens creez en iceluy »
(QUATREBARBES, *op. cit.*, t. I, p. 67). De ces blasons, au
nombre d'une cinquantaine, dix-huit étaient encore visibles
en 1620, époque à laquelle Favyn écrivait son *Théâtre d'honneur et de chevalerie.*

(2) A Angers, les solennités de l'ordre du Croissant et la
fête du Sacre (ou du Sacrement) donnaient à René l'occasion de déployer une pompe toute royale. En souvenir de
cette procession du Sacre, il fonda plus tard à Aix les cé-
lèbres jeux de la Fête-Dieu, dans lesquels le mélange du
sacré et du profane, du grotesque et du sérieux, offraient
aux Provençaux un divertissement plus approprié a leur
caractère.

sant, en mémoire du bon roi (1). Tel fut le sort du dernier vestige des riches costumes dont René avait composé lui-même les plus petits détails avec un soin si méticuleux. *Sic transit gloria mundi !*

(1) QUATREBARBES, *op. cit.*, t. IV, p. 175.

CATHÉDRALE D'ANGERS

II

ARMORIAL DES CHEVALIERS
DU CROISSANT

AGOULT (Fouquet ou Foulques d'), baron de Mison, de La Tour-d'Aigues, de Sault et de Forcalquier, seigneur de Thèze, Barret, Volone, La Bastide, Peypin, Niozelles, etc., chambellan de René d'Anjou, viguier de Marseille (1443, 1445 et 1472) ; fils de Raymond et de Louise de Glandevès-Faucon, sa deuxième femme ; marié : 1º avec Jeanne de Beaurain ; 2º avec Jeannè de Bouliers ; mort sans postérité à La Tour-d'Aigues en 1492, âgé de près de 100 ans.

D'or, au loup ravissant d'azur, armé, lampassé et vilené de gueules (1).

(1) Tous les généalogistes et héraldistes décrivent le blason des d'Agoult dans les termes que nous venons d'employer ; cependant le loup est toujours représenté *rampant* et non *ravissant*, c'est-à-dire tenant sa proie dans la gueule. Nous n'avons rien voulu changer à la description acceptée ; mais il était nécessaire de faire remarquer qu'elle ne s'accorde pas avec la représentation des armoiries. En 1220, le sceau de Raymond II d'Agoult portait un loup *passant*.

Fouquet d'Agoult avait été surnommé par ses contemporains le *Grand* et l'*Illustre*, eu égard à son amour de la justice, à sa magnificence et à sa libéralité. Nostradamus (1) rapporte que « furent après le trespas de ce tant bon et tant excellent Roy (René d'Anjou) mis plusieurs et divers éloges, épitaphes et doctes compositions, sur sa tombe, dans l'église du Couvent des Carmes de la Cité d'Aix... Les éloges estoient de diverses langues, Hébreux, Grecs, Latins, François, Italiens, Cathalans et Provençaux, que le magnifique Fouquet d'Agoult, seigneur de Sault, fit exactement recueillir et transcrire par l'exprès commandement de la Reyne sa seconde femme ».

AGOULT (Raymond d'), baron de Sault, de Mison et de La Tour-d'Aigues, seigneur de Cypières, bailli et juge de la ville d'Apt (1449) ; époux de Blanche de Tournon, sœur du célèbre cardinal, fille de Jacques, baron de Tournon, et de Jeanne de Polignac ; neveu et héritier de Fouquet d'Agoult ; mort sans postérité, après le 12 avril 1503, date de son dernier testament.

Mêmes armes que ci-dessus.

En 1448, Raymond d'Agoult exhorta les syndics d'Apt, par une lettre expresse, à poursuivre la canonisation de sainte Delphine de Sabran. Il s'offrait de les appuyer de son crédit et d'obtenir du roi et de la reine que cette affaire fût portée en cour de Rome au nom de Leurs Majestés. On lui députa Jean de Corage, syndic, et quelques autres notables de cette ville ; néanmoins ses bonnes intentions n'eurent pas

---

(1) *Histoire et Chronique de Provence*, p. 646.

de suite, bien que toutes les procédures eussent été faites après le décès de cette sainte dame, déjà canonisée par la voix du peuple et le consentement tacite de l'Eglise (1).

AMÉNARD (Jean), seigneur de Chanzé et de Bouillé, échanson du roi René; fils d'autres Jean et de Jeanne Souvaing, dame du Pallet (1416), évêché de Nantes (2); époux de Marie Turpin.

Coticé d'argent et d'azur, de huit (alias *dix*) *pièces.*

ANGLURE (Saladin d'), vicomte d'Etoges, seigneur de Boursault, Fère-Champenoise et Nogent, conseiller, chambellan et panetier de René d'Anjou; fils de Simon d'Anglure (voyez ci-dessous) et d'Isabelle du Châtelet; marié en 1458 avec Jeanne de Neufchâtel, vicomtesse de Bligny, dame d'Ancy-le-Franc, fille de Humbert, seigneur de Nanterre-la-Fosse, et de Claude de Tonnerre, dame de Plancy ; mort en août 1499.

D'or, semé de grillets d'argent soutenus de croissants de gueules (3).

(1) Barjavel, *Dictionnaire historique, biographique et bibliographique du département de Vaucluse*, t. 1, p. 14.

(2) A. de Couffon de Kerdellech, *Recherches sur la chevalerie du duché de Bretagne*, t. 11, p. 297.

(3) C'est ainsi que blasonnent Palliot, du Buisson, Caumartin et divers auteurs. Mais Le Laboureur fait remarquer qu'avant 1400 les sceaux de cette grande famille portaient les grillets soutenus par des angles ou *anglures* au lieu de croissants. Bouton, dans son *Nouveau traité des armoiries*, p. 42, donne un blason de 1352, tiré de l'*Armorial de Gelre*, qui est : *de gueules, papelonné d'or, semé de grillets d'argent*. Pour bien comprendre ces armes, il faut savoir qu'un seigneur d'Anglure, dit la légende, « étant prisonnier de guerre en Tour-Noire près de Constantinople, fut renvoyé en France sous sa foy par Saladin, lors empereur des Turcs,

ANGLURE (Simon d'), vicomte d'Estoges, grand maître d'hôtel du duc de Bretagne en 1462; fils de Jean d'Anglure et de Jeanne de Bourlemont; époux d'Isabelle du Châtelet, fille de Régnault, baron du Châtelet, et de Jeanne de Chaufour, dame de Deuilly.

Mêmes armes que ci-dessus.

L'on voit dans un un compte de Raoul de Launay, de l'an 1453, que Messire Simon d'Anglure, seigneur d'Estouges (*sic*), faisait partie de la compagnie d'hommes d'armes que François de Bretagne, comte d'Estampes, conduisit en Guyenne pour combattre les Anglais (1).

ANJOU (Charles Ier d'), comte du Maine, de Guise, de Mortain, vicomte de Châtellerault, lieutenant général pour le roi en Languedoc et en Guyenne; troisième fils de Louis II de Sicile et de Yolande d'Aragon; marié : 1°, avant 1434, avec Cobelle Ruffo (2), veuve de Jean-Antoine Marzano, duc de Sessa, prince de Rossano, fille de Charles Ruffo, comte de Montalto et de Corigliano, grand justicier du royaume de Naples, et de Cevarella de Saint-Séverin (voyez ce nom); 2°, par contrat du 9 janvier 1443, avec Isabelle de Luxembourg, fille de Pierre de Luxembourg, comte de Saint-Pol, et

à charge d'apporter sa rançon dans certain temps. Ce qu'ayant fait, cet empereur la luy rendit, lui fit promettre de porter le nom de Saladin et le faire porter à ses descendants, et luy fit présent d'un de ses chevaux chargé de croissants et de grillettes d'argent ».

(1) A. DE COUFFON DE KERDELLECH, *op. cit.* t. I, p. 407.

(2) Par cette alliance, Cobelle Ruffo était devenue la belle-sœur de trois rois, Louis III de Sicile, René d'Anjou et Charles VII. Polyxène Ruffo, sa sœur, épousa en premières noces François-Alexandre Sforza (voyez ce nom).

de Marguerite des Baux ; né au château de Montils-
les-Tours, le 14 octobre 1414 ; mort à Neuvy, en
Touraine, le 10 avril 1472, et inhumé dans l'église
de Saint-Julien du Mans.

*D'azur, semé de fleurs de lis d'or, au lion d'argent
mis au franc-quartier ; à la bordure de gueules.*

ANJOU (JEAN D'), duc de Calabre et de Lorraine,
sénateur du Croissant (1470) ; fils aîné de René
d'Anjou et d'Isabelle de Lorraine ; marié, par traité du 2 avril 1437, avec Marie de Bourbon, fille de
Charles Iᵉʳ, duc de Bourbon, et d'Agnès de Bourgogne ; né à Toul le 2 août 1426, mort à Barcelone
le 16 décembre 1470, et inhumé à Angers, dans l'é-
glise des Cordeliers (1).

*Coupé d'un parti, de deux, ce qui fait six quartiers :
au 1 fascé d'argent et de gueules, de huit pièces* (HON-
GRIE) ; *au 2 d'azur, semé de fleurs de lis d'or, au lambel de gueules à cinq pendants en chef* (ANJOU-SI-
CILE) ; *au 3 d'argent, à la croix de Jérusalem d'or, à
enquerre* (JÉRUSALEM) ; *au 4 d'azur, semé de fleurs
de lis d'or, à la bordure de gueules* (ANJOU ancien) ;
*au 5 d'azur, semé de croix recroisetées au pied fiché
d'or, à deux bars adossés du même brochant sur le
tout* (BAR) ; *au 6 d'or, à la bande de gueules chargée
de trois alérions d'argent* (LORRAINE) ; *un lambel de*

(1) Sur une verrière de cette église, ce prince était représenté à genoux, les mains jointes, une couronne fleuronnée
sur la tête, et revêtu d'un ample manteau au collet rabattu.
Devant lui se trouvait le blason décrit ci-dessus, soutenu
par l'emblème de l'ordre du Croissant avec sa devise (MONT-
FAUCON, *op. cit.*, t. II, pl. LXIII). Ces armes sont absolu-
ment identiques à celles qui figurent sur un contre-sceau
de Jean d'Anjou, apposé sur un document de 1465 (DOUET
D'ARCQ, *Collection de sceaux*, t. I, n° 789).

gueules à trois pendants en chef, brochant sur les grands quartiers.

ANJOU (René d'), roi de Naples, de Sicile, de Jérusalem et d'Aragon, duc d'Anjou, de Lorraine et de Bar, comte de Provence, sénateur du Croissant (1449); fils de Louis II, duc d'Anjou, roi de Naples, et de Yolande d'Aragon ; marié, en premières noces, par traité du 20 mars 1419, avec Isabelle de Lorraine, fille aînée et héritière de Charles II, duc de Lorraine, et de Marguerite de Lorraine ; en seconde noces, le 10 septembre 1454, avec Jeanne de Laval, fille de Guy XIV, comte de Laval, et d'Isabelle de Bretagne ; né à Angers le 16 janvier 1409, mort à Aix le 10 juillet 1480, et inhumé dans l'église Saint-Maurice d'Angers le 26 octobre 1481.

Coupé d'un, parti de deux, ce qui fait six quartiers : au 1 de Hongrie; *au 2 d'*Anjou-Sicile; *au 3 de* Jérusalem; *au 4 d'*Anjou *ancien; au 5 de* Bar; *au 6 de* Lorraine; *sur le tout d'or, à quatre pals de gueules* (Aragon).

Dès l'institution du Croissant, le roi René accompagna ces armes (1) (encore existantes en 1620, à Saint-Maurice d'Angers) de l'insigne de l'ordre (2),

(1) Au sujet des divers blasons portés successivement par René, voyez notre ouvrage : *La Croix de Jérusalem dans le Blason,* p. 14.

(2)   Ung radieux et merveilleux croissant,
      Garny d'or fin et esmaillure blanche,
      Duquel y eust en escripture franche,
      Loz en croissant en gravé et compris.
      Telle devise avoit ce seigneur pris.
      Non sans raison, car son loz fesoit croistre
      Sur tous vivants qui eust en loz et estre.
(Octavien de Saint-Gelais, *Le Séjour de l'Honneur.*)

qu'il fit peindre et sculpter sur un grand nombre de monuments et d'objets d'art, graver sur ses sceaux (1) et broder (2) sur ses tapisseries et ses costumes d'apparat.

AVAUGOUR (GUI ou GUILLAUME D'), seigneur des Loges, bailli de Touraine en 1424.

D'argent, au chef de gueules, chargé d'une macle d'or.

BEAUVAU (BERTRAND DE), baron de Précigny, seigneur de Sillé-le-Guillaume et de Briançon, sénéchal d'Anjou et de Provence, grand maître d'hôtel du roi de Sicile, bailli de Touraine, capitaine d'Angers, sénateur du Croissant en 1452, conseiller et chambellan du roi de France, président de la Cour des Comptes d'Anjou; fils de Jean III de Beauvau et de Jeanne de Tigny; marié : 1° avec Jeanne de La Tour-Landry; 2° avec Françoise de Brézé († 1460); 3° avec Ida du Châtelet; 4°, le 28 novembre 1467, avec Blanche d'Anjou (3), dame de Mirebeau, fille naturelle du roi

(1) Quelques-uns de ces sceaux offrent au revers un double croissant que M. Douët d'Arcq (*Collection de sceaux*, n° 11783) a pris pour deux sacs ou deux bourses superposées.

(2) En 1448, Pierre du Villant, peintre et brodeur du roi de Sicile — deux professions étroitement unies au moyenâge — exécuta quatre croissants brodés pour son nouvel ordre de chevalerie (LECOY DE LA MARCHE, *Extraits des comptes et mémoriaux*, n° 632).

(3) René, qui affectionnait tout particulièrement cette fille, lui confirma, en la mariant, le don qu'il lui avait déjà fait de la seigneurie de Mirebeau; son mari, en considération de l'honneur et de l'avantage de cette alliance, lui assigna un douaire de 500 livres de rente sur la terre de Ternay, la dîme de Loudun et quelques autres biens. Blanche d'Anjou, née vers 1438, mourut à Aix le 16 avril 1470. Elle fut

LE ROI RENÉ

*D'après un médaillon d'albâtre du Musée d'Aix, exécuté en
1441 par Pierre de Milan. Dessin réduit aux deux tiers
de l'original.*

René ; mort à Angers le 30 septembre 1474, et inhumé dans l'église des Augustins, au milieu du
chœur.

*D'argent, à quatre lionceaux cantonnés de gueules ;
à l'étoile à six rais d'azur en abîme* (Brisure).

BEAUVAU (JEAN IV DE), seigneur des Ro-
chettes, de Sermaizes et des Essarts, baron de Ma-
nonville, nommé sénéchal d'Anjou le 14 avril 1458,
en considération de ses services antérieurs, dit
l'acte, et parce que « ceulx de la maison dont il est
yssu ont esté et sont principaulx serviteurs de la
nostre, en laquelle ils ont servy moult grandement
et louablement » ; fils puîné de Pierre de Beauvau
et de Jeanne de Craon (1) ; époux de Jeanne de Ma-

ensevelie dans l'église des Grands-Carmes, près du chœur.
L'épitaphe seule a été conservée, et on peut la voir encas-
trée dans le mur du fond du cloître de la cathédrale de
Saint-Sauveur. La statue de la princesse qui était couchée
sur le tombeau a disparu : sur la robe de Blanche d'Anjou
étaient semés des lionceaux, des croix de Jérusalem et des
fleurs de lis. Bertrand de Beauvau, dans son testament, se
plaint vivement de Blanche d'Anjou, « comme ne l'ayant
servi, aymé, ni honoré, comme bonne femme doit faire à
son mary ».

(1) Un trait de courage héroïque s'attache au nom de la
mère de Jean et de Louis de Beauvau, Jeanne de Craon,
dernière héritière d'une puissante maison de Bretagne. Sur
le point d'accoucher de son second fils, elle demanda elle-
même l'opération césarienne, devenue nécessaire pour sau-
ver la vie de son enfant, « qui autrement, dit la chronique,
de ce cachot ténébreux eut esté envoyé aux ténèbres éter-
nelles. Ainsi la dame de Beauvau ne peut estre assez honorée d'avoir, par une résolution si généreuse et piété vrai-
ment chrétienne, consacré à Dieu et à sa postérité cette vie
mortelle, pour ne priver son fils de l'immortelle, lui ôtant le
moyen d'estre régénéré des eaux du saint baptesme, si elle
l'eust mis au monde mort-né. Mais, pour mémoire de ce,
elle requit son mary que leur fils portast les armes de Beauvau escartelées avec celles de Craon et que ceulx qui nais-

nonville, fille unique et héritière de Jean et d'A-
larde de Chambley, sœur de Marguerite, femme de
Louis de Beauvau, son frère aîné; mort en 1468.

*Écartelé : aux 1 et 4, d'argent, à quatre lionceaux
cantonnés de gueules, armés, lampassés et couronnés
d'azur* (BEAUVAU); *aux 2 et 3, losangé d'or et de gueules*
(CRAON).

Jean de Beauvau remplit pour René d'Anjou
d'importantes missions auprès de Louis XI. Il ne
quitta ses fonctions qu'avec la vie et fut remplacé,
le 21 janvier 1669, par Jean de Lorraine, père de
Ferry de Lorraine et cousin du roi de Sicile.

BEAUVAU (LOUIS DE), seigneur de Champigné,
et de La Roche-sur-Yon, baron de Château-Renard (1), sénéchal d'Anjou et de Provence, gouver-

teroient de luy et de sa postérité seroient obligés de faire
le semblable à perpétuité, ce qui depuis a été observé aux
descendants du même. » Cette dernière phrase est inexacte,
car il résulte de monuments authentiques que Louis de
Beauvau, frère aîné de Jean, écartela aussi ses armes de
celles de Craon, et cela du vivant de ce dernier.

(1) Louis de Beauvau avait acquis cette importante seigneurie du roi René, le 14 juin 1453. La charge de grand
sénéchal de Provence, qu'il venait d'obtenir, lui donnant
l'occasion de visiter souvent Château-Renard, il décora ma-
gnifiquement l'intérieur du château et l'embellit de peintures, depuis le vestibule jusqu'au second étage. Des ves-
tiges de ces peintures existaient encore dans la grande salle,
à l'époque de la Révolution, ayant ainsi survécu à trois siècles
révolus. On voyait dans cette salle, à tous les entre-deux
des croisillons des voûtes, les armes de Beauvau écartelées
de Craon, ainsi que celles de Marguerite de Chambley. Ces
blasons étaient accompagnés de la devise *sans départir*, qui
se trouvait aussi dans tous les coins de la grande salle ;
devise dont le corps consistait en un tronc d'arbre d'où
sortaient plusieurs rameaux coupés de distance en distance. La devise *sans départir* a toujours été celle de la mai-

neur de Lorraine, capitaine du fort Saint-Jean à Marseille, premier chambellan de René d'Anjou ; fils aîné de Pierre de Beauvau et de Jeanne de Craon ; marié : 1º avec Marguerite de Chambley, fille de Ferry et de Jeanne de Launay ; 2º avec Jeanne de Baudricourt ; 3º avec Jeanne de Beaujeu, fille d'Edouard, seigneur d'Amplepuis, et de Jacqueline de Linières ; mort à Rome en 1472.

Mêmes armes que ci-dessus.

Louis de Beauvau était particulièrement cher au roi René, car il avait partagé les vicissitudes de sa bonne et mauvaise fortune. Comme lui, il aimait les lettres, les arts, la poésie, les tournois et les fêtes ; se montrant toujours bon, juste et loyal, plein de générosité et de vaillance. L'éclat dont brillait cet illustre chevalier était tel que Jean de Bourbon, comte de Vendôme, en demandant la main d'Isabelle de Beauvau (†1474), sa fille unique et héritière, ne crut pas faire une alliance (9 novembre 1454) indigne d'un petit-fils de saint Louis. A cette époque, le sang royal, qui coulait à flots pour la France, se mêlait souvent à celui des grandes races chevaleresques, comme pour puiser un nouvel héroïsme à cette source intarissable de vertu et d'honneur. Henri IV, le grand Condé, tous les princes

son de Beauvau-Craon : elle rappelle ou bien la constance et la force dans l'union conjugale de Pierre de Beauvau et de Jeanne de Craon, qui paya de sa vie son sublime sacrifice, ou l'union fraternelle de Louis et de Jean de Beauvau. Cette dernière explication paraît d'autant plus vraisemblable qu'il y avait sur les murs de la salle précitée une peinture représentant deux hommes vêtus à la romaine. Ils se tenaient entrelacés, appuyés sur le tronc d'un arbre dont les racines s'enlaçaient à leurs jambes, avec la devise *sans départir*. (Prince H. DE VALORI, *Histoire de la baronnie royale de Château-Renard*, p. 80.)

de leur sang et par eux tous les princes de l'Europe, descendent directement d'Isabelle de Beauvau. Il semble que René d'Anjou prévoyait cette glorieuse destinée lorsque, dans son roman de *Doulce Mercy*, il attachait le blason de son sénéchal parmi ceux des héros et des empereurs, à la voûte du portique du *Cymetière de l'Isle du Dieu d'amour*.

C'est à Rome, où René l'avait envoyé en ambassade auprès de Pie II, que mourut Louis de Beauvau. Son cercueil, rapporté à Angers par de pieux serviteurs, fut déposé à côté de celui de Marguerite de Chambley (mère d'Isabelle de Beauvau), dans l'église des Cordeliers, bâtie par ses ancêtres et tombée sous le marteau révolutionnaire. Les vitraux du chœur retraçaient les portraits des deux époux. Louis y était représenté en armes, à genoux et la tête nue, près de la gracieuse Marguerite, coiffée du hennin avec un croissant sur le front (1).

Louis de Beauvau cultivait avec succès la littérature ; on lui doit, outre une traduction du *Philostrate* de Boccace (attribuée par quelques-uns à Pierre de Beauvau, son père), une relation du *Pas de la Bergère*, tenu à Tarascon au mois de juin 1449. Louis de Beauvau était le neveu de Bertrand de Beauvau.

BELLAY (Jean III du), chambellan de Charles VII et de René d'Anjou ; fils de Hugues VII du Bellay et d'Isabeau de Montigny ; époux de Jeanne Logé, dame de Bois-Thibaut ; mort en 1481.

D'or, à la bande fuselée d'azur, accompagnée de six fleurs de lis en orle.

(1) MONTFAUCON, *op. cit.*, t. III, pl. LIV.

BOURNAN (Louis DE), seigneur du Coudray, conseiller et maître d'hôtel de René d'Anjou, capitaine des Ponts-de-Cé, viguier de Marseille (1442), ancien précepteur de Nicolas, marquis du Pont, fils de Jean, duc de Calabre.

D'argent, à la croix pattée de sinople, cantonnée de quatre coquilles du même. Alias : D'or, à la croix pattée de gueules, cantonnée de quatre coquilles du même.

BOURNAN (THIBAUT DE).

Mêmes armes que ci-dessus.

BRÉZÉ (JACQUES DE), comte de Maulevrier, baron du Bec-Crespin et de Mauny, grand sénéchal d'Anjou, de Normandie et de Poitou ; fils de Pierre II de Brézé, comte de Maulevrier, grand sénéchal d'Anjou, chancelier du roi René, et de Jeanne Crespin ; marié, le 34 mars 1461, avec Charlotte de France (1), fille naturelle de Charles VII et d'Agnès Sorel ; mort à Nogent-le-Roy le 14 août 1494.

D'azur, à l'orle d'or, environné de huit croisettes du même ; à l'écusson d'argent en abîme.

CASTILLON (CHARLES DE), baron d'Aubagne, seigneur de Roquefort, Cassis, Saint-Marcel et du Castellet (2), conseiller de René d'Anjou et de Charles VII, visiteur général des gabelles du Lan-

(1) Son mari, qui l'avait surprise en flagrant délit d'adultère avec son véneur Lavergne, la poignarda le 16 juin 1477, à Romiers près de Dourdan. Elle fut inhumée dans le chœur de l'abbaye de Coulombes, sous une tombe de cuivre jaune. Leur fils, Louis de Brézé, épousa Diane de Poitiers.

(2) Toutes ces seigneuries, y compris la baronnie d'Aubagne, avaient été acquises de René d'Anjou, le 12 novembre 1447, moyennant le prix de 5000 florins d'or.

guedoc, conservateur des juifs en Provence, chancelier de l'ordre du Croissant (1448) ; fils de Luc de Castillon, seigneur d'Eyragues, conseiller de Louis III de Sicile ; époux de Madeleine de Quiqueran ; mort à Aubagne, le 4 janvier 1461.

De gueules, à trois annelets d'argent.

Charles de Castillon, surnommé la *Bonté* par le roi René, avait rendu de grands services à son frère Louis, à la reine de Sicile, pendant qu'il était prisonnier, et à lui-même, afin d'obtenir sa prompte délivrance. Il n'avait épargné ni courses, ni sacrifices d'argent pour le paiement des troupes et l'armement des navires qui devaient le conduire en Italie, alors qu'il était impossible d'en avoir par emprunt. C'est le seul seigneur auquel Aubagne doive une grande reconnaissance pour les services rendus à la Commune, et parce qu'il savait allier la fermeté et la justice envers ses vassaux (1).

CHAMPAGNE (Brandelis de), seigneur de Bazoges, Brouassin, Villaines, Vaucelles, Bazeilles, etc. ; conseiller et chambellan du roi de France, capitaine de cent hommes d'armes, lieutenant général et commandant en Artois, sénéchal du Maine, gouverneur de Saumur ; fils de Pierre Ier de Champagne (voyez ci-dessous) et de Marie de Laval ; marié, par contrat du 18 avril 1485, avec Renée de Warie, fille de Guillaume, seigneur de l'Isle-Savary, en Touraine, et de Charlotte de Barbangy ; mort le 15 décembre 1504.

(1) Dr BARTHÉLEMY, *Histoire d'Aubagne*, t. I, p. 161.

De sable, fretté d'argent ; au chef d'or chargé d'un lion issant de gueules (1). Devise (2) : *Sta ferme.*

Brandelis de Champagne, qui est l'auteur des seigneurs de La Suze, prit part à toutes les guerres de son temps, et fut dangereusement blessé à la bataille de Saint-Aubin-du-Cormier (1488).

CHAMPAGNE (Pierre Ier de), seigneur de Champagne, Pescheseul, Lonvoisin, Bailleul et Parcé, prince de Montorio et d'Aquila, premier baron du Maine, vice-roi de Sicile et d'Anjou ; troisième fils de Jean III de Champagne et d'Ambroise de Crénon ; marié, selon contrat du 22 avril 1441, avec Marie de Laval, sœur de Guy de Laval (voyez ce nom), et fille de Thibaut et de Jeanne de Maillé-Brézé ; mort à Angers, presque centenaire, le 15 octobre 1486, et inhumé, le 22 du même mois, dans l'église Saint-Martin de Parcé (3).

Mêmes armes que ci-dessus.

Ce vaillant chevalier, qui s'était distingué en maints combats, remporta deux grandes victoires contre les Anglais : la première en 1442, dans la plaine de Saint-Denis d'Anjou, et la deuxième en 1448, devant Beaumont-le-Vicomte. L'année suivante, Jean d'Anjou lui donna l'ordre de secourir Charles VII contre les Anglais, et il se couvrit de gloire à la bataille de Formigny (1450).

(1) Au XVIIe siècle, cette famille chercha à se rattacher à l'illustre maison des comtes de Champagne et en prit les armes, qui sont : *D'azur à la bande d'argent, cotoyée de deux cotices potencées et contre-potencées d'or.*

(2) Devise et blason encore visibles en 1620, dans la chapelle des chevaliers du Croissant à Saint-Maurice d'Angers.

(3) L'épitaphe gravée sur son tombeau, avait été composée, paraît-il, par le roi René (Le Laboureur, *Mémoires de Castelnau*, t. II, p. 481).

CHATEL (Tanneguy du), vicomte de La Bellière, grand maître de l'écurie de Charles VII et
son premier écuyer, chambellan, grand maître d'hôtel et grand écuyer du duc de Bretagne, chambellan de Louis XI, chevalier de l'ordre de Saint-
Michel, gouverneur du Roussillon et de la Cer-
dagne, capitaine de quatre-vingt-quinze lances, etc.;
fils d'Olivier du Châtel et de Jeanne de Plœuc;
époux de Jeanne Raguenel de Malestroit, fille de
Jean Raguenel, sire de Malestroit, vicomte de La
Bellière, maréchal de Bretagne, et de Gillette de
Malestroit; blessé mortellement au siège de Bou-
chain (1477), et inhumé la même année, par les soins
de Louis XI, dans l'église de Notre-Dame-de-Cléry.

*Fascé d'or et de gueules de six pièces; la deuxième
fasce chargée d'un lambel du premier.*

Tanneguy du Châtel, qu'il ne faut pas confondre
avec son oncle, le fameux prévôt de Paris († vers
1449), s'était particulièrement distingué dans le
Pas de la Bergière à Tarascon. On reconnaissait le
brillant chevalier à sa devise bretonne : *Marc cor
Doi* (S'il plaît à Dieu), tracée sur son écu, et à ces
mots qu'on lisait sur sa bannière déployée : *Donal
a levy* (Tu n'as qu'à venir), cri de guerre de sa maison. Une housse noire et rouge, parsemée de lettres
d'or, recouvrait son coursier gris, sur la tête duquel se balançaient trois plumes d'autruche, noire,
bleue et jaune.

Ce valeureux chevalier laissa trois filles sans
fortune. Dans son testament, il pria le roi de ma-
rier la seconde, chargea ses amis du soin de doter
l'aînée, et sa femme de pourvoir à l'établissement
de la plus jeune.

CLÉRAMBAULT (Antoine), seigneur du Plessis-Clérambault et de La Plesse ; fils de Gilles et de sa deuxième femme Jeanne Sauvage, dame de Saint-Pierre-de-Maulimart ; époux de Catherine du Plantis, vicomtesse de Montrevau ; mort après 1498.

Burelé d'argent et de sable, de dix pièces.

CLERMONT-GALLERANDE (Louis (1) de), chambellan, conseiller et maître d'hôtel du roi René (2), gouverneur de Chantoceaux, capitaine de Mirebeau ; époux de Marie Malet, fille de Jean VI, seigneur de Graville, et de Marie de Montberon (voyez ce nom) ; mort avant 1477.

D'azur, à trois chevrons d'or, celui du chef écimé.

COSSA (Gaspard), capitaine du Lampourdan et de l'évêché de Girone, officier de la maison du roi René ; fils de Jean Cossa (voyez ci-dessous) et de Jeanne d'Andria ; mort à Naples, sans alliance, sous le règne de Charles VIII.

D'argent, à trois bandes de sinople ; au chef de gueules chargé d'une cuisse et jambe humaines d'or ; l'écu entouré d'une bordure engrêlée du même (3).

(1) C'est par Louis de Clermont-Gallerande, dont la filiation est inconnue, que les auteurs commencent la généalogie de cette maison.

(2) « A Charlot Raoulin, orfèvre, ledit jour (4 janvier 1449), pour argent et façon des mailles d'un croissant d'orfèvrerie et or pour lesdites mailles, donné par ledit seigneur (René d'Anjou) à mons^r de Clèremont, pour ce 11 escuz. » (Lecoy de La Marche, *Extraits des comptes et mémoriaux du roi René*, n° 565). Ce présent exceptionnel est un témoignage non équivoque de l'affection du roi de Sicile pour son maître d'hôtel.

(3) Il existe de nombreuses variantes de ces armoiries,

Jean Cossa.

Statue tumulaire de Jean Cossa

COSSA (Jean), comte de Troïa (1), dans la Capitanate, baron de Grimaud, seigneur de Marignane et de Gignac, grand sénéchal de Sicile (1460) et de Provence (1470), sénateur de l'ordre du Croissant (1451); fils de Gaspard de Cossa et de Louise de Brancas; époux de Jeanne d'Andria, fille de Pierre-Paul, comte d'Andria; mort à Tarascon, le 5 octobre 1476, âgé de 76 ans.

Mêmes armes que ci-dessus : on les voyait encore en 1620, à Saint-Maurice d'Angers.

« Cet ami fidèle, qui était la plus précieuse conquête faite en Italie par le roi René (2) », appartenait à une illustre famille napolitaine attachée depuis longtemps à la maison d'Anjou. Il était gouverneur de la citadelle de Capoue, lorsque Alphonse d'Aragon s'empara de Naples. Malgré la famine qui exerçait dans la place d'effroyables ravages, ce brave chevalier, qui avait avec lui sa femme et ses enfants, ne se décida à se rendre que sur l'ordre écrit de René. Abandonnant alors sa patrie, il voua un attachement sans bornes à ce bon roi, qui lui confia l'éducation de son fils Jean d'Anjou, et l'investit successivement des plus hautes charges.

Nous donnons la préférence, quant à la disposition des pièces et aux divisions de l'écu, au blason sculpté sur le tombeau de Jean Cossa. Les médailles du pape Jean XXIII (1410-1415) (Balthazar Cossa, oncle de Jean) nous montrent un *coupé* au lieu d'un *chef*.

(1) Par suite d'une mauvaise lecture, M. de Villeneuve-Bargemont (*Histoire de René d'Anjou*, t. III, p. 355) a substitué au mot *stirpe* de l'épitaphe dont nous parlons plus bas celui de *Scarpa*, qu'il a cru être un nom de fief, et il a qualifié Cossa du titre imaginaire de comte de Scarpa. Ce n'est pas la seule erreur à relever dans cet ouvrage, d'ailleurs estimable, en ce qui concerne Jean Cossa et d'autres chevaliers du Croissant.

(2) Lecoy de La Marche, *Le roi René*, t. I, p. 502.

Frappé de paralysie à Tarascon, où il résidait alors, Jean Cossa ne pouvant dicter lui-même son testament, Bernard de Capoue, son confesseur, qui connaissait ses volontés, les dictait pour lui au notaire Margotti ; après chaque article, le sénéchal répondait par un signe de tête et le monoyllabe *oy*.

Désireux d'honorer la mémoire de son fidèle serviteur, René lui fit élever, à l'entrée de l'église basse de Sainte-Marthe de Tarascon, le monument que l'on y voit encore, et le décora d'une épitaphe en latin, qui ne rend pas moins témoignage aux belles qualités de son « très cher chambellan, conseiller et compère », qu'à la bonté et à la reconnaissance du souverain. Elle est gravée sur une table de marbre blanc en caractères romains, au milieu d'un encadrement formé de pilastres et d'arabesques, qui annoncent la renaissance des arts. Deux gracieux écus armoriés, dans le goût italien, se trouvent de chaque côté de l'inscription. Jean Cossa est représenté couché, la tête appuyée sur un coussin et les mains jointes. Il est armé de toutes pièces, à l'exception du casque et des gantelets. La grille de fer qui l'entoure est surmontée de fleurs de lis, et l'on voit à ses pieds un chien, symbole de son inviolable fidélité envers son prince. Le sénéchal est revêtu de sa cotte armoriée, ne dépassant pas les coudes. Sous son bras gauche, on remarque l'insigne de l'ordre du Croissant (1) avec sa devise. A son côté gauche, on aperçoit

(1) Il est assez singulier que le croissant se trouve sous le bras gauche au lieu du droit, contrairement aux statuts de l'ordre. La situation du tombeau aura sans doute déterminé le sculpteur à le placer ainsi, pour qu'il pût être aperçu des passants.

une épée brisée et un tronçon de lance, allusion aux exercices chevaleresques des tournois (1). A son côté droit, on distingue un fragment de son estramaçon, témoignage de valeureux exploits (2).

Une gravure donnée par le P. Montfaucon (*op. cit.*, t. iii, pl. XLVIII) nous a conservé la noble et mâle figure de Jean Cossa.

FÉNESTRANGE (Jean de), sénéchal de Lorraine et du Barrois.

D'azur, à la fasce d'argent.

GLANDEVÈS (Hélion de), seigneur de Faucon-du-Caire, coseigneur de Château-Arnoux et de Châteauneuf-Val-Saint-Donat, conseiller et chambellan de René d'Anjou, viguier de Marseille (1426); fils de Louis de Glandevès, seigneur de Faucon, et de Jeanne Balbi; époux : 1° de Philippe de Glandevès, fille de Guillaume, seigneur de Châteauneuf, et de Catherine de Venterol; 2° de Marguerite de Villemus.

---

(1) Jean Cossa entra en lice dans le célèbre tournois donné à Tarascon au mois de mai 1449, et y rompit plusieurs lances contre Philippe de Lenoncourt, chevalier du Croissant.

(2 Comme rien n'était plus sacré pour Cossa que la fidélité au souverain, il n'avait vu qu'avec douleur l'inconstant Pierre Frégose se tourner contre la maison d'Anjou. Ce factieux était sur le point de se rendre maître de Gênes ; déjà il s'était emparé d'une porte de la ville, la victoire semblait se décider en sa faveur, lorsque Jean Cossa, dans un accès d'indignation, se jette au milieu des assaillants poursuit le chef de la faction, parvient à l'atteindre et, lui déchargeant deux terribles coups d'estramaçon, le laisse sur la place, et fait échouer par cette seule action le dessein des ennemis qui fuient déconcertés (Turpin de Jonchamp, *Histoire de Naples et de Sicile,* livre III).

Fascé d'or et de gueules, de six pièces. Alias : *D'or, à trois fasces de gueules.*.

Hélion de Glandevès, surnommé par ses contemporains le *Chevalier sans reproche*, s'occupait, paraît-il, de littérature. « Il a escript quelques œuvres, dit Lacroix du Maine, lesquelles je n'ai point veues. »

En récompense de sa bravoure et de ses services, Louis III de Sicile, par acte du 21 juin 1423, confirma tous ses droits sur Château-Arnoux à Hélion de Glandevès, qu'il appelle « *egregio milite* »; de plus, il lui conféra une extension de juridiction, le pouvoir du glaive, les régales et tous les droits afférents à la couronne, avec faculté de faire exercer ces droits par ses officiers (1).

GLANDEVÈS (Pierre de), seigneur de Château-Arnoux et de Châteauneuf, chambellan du roi René, viguier de Marseille (1425); fils de Hélion (voyez ci-dessus) et de Philippe de Glandevès, sa première femme; marié, le 21 mars 1439, avec Jeanne Adhémar, fille de Giraud Adhémar de Monteil, baron de Grignan, et de Blanche de Pierrefort; mort avant 1472.

Mêmes armes que ci-dessus.

HARAUCOURT (André de), seigneur en partie de Haraucourt; seigneur de Bayon, Ubéxy, Landécourt, Franconville, Séranville, Louppy, Dreuville, Maréville; fils de Jean III de Haraucourt, seigneur de Louppy, Bayon, Germiny, Chauvirey, sénéchal de Lorraiue et de Barrois, et de Yolande de La Marck; époux de Marguerite de Fénes-

(1) Abbé Maurel, *Monographie de Châteaux-Arnoux*, p. 28.

INTÉRIEUR DE L'ÉGLISE
ÉGLISE Ste MARTHE à TARASCON
TOMBEAU DE Ste MARTHE

trange, dame dudit lieu et de Faulquemont, Esche,
Bollendorf, Everlange, baronne de Brandenbourg
et Falkenstein, fille unique et héritière de Simon,
seigneur de Fénestrange, et d'Anne de Brandenbourg ; mort en 1484.

*D'or, à la croix de gueules ; au franc-quartier d'ar-
gent, chargé d'un lion de sable, armé et lampassé de
gueules, couronné d'azur* (1).

Ayant suivi le parti du duc de Bourgogne, André de Haraucourt vit tous ses biens confisqués
par René II de Lorraine, qui les lui rendit en
1482.

HARAUCOURT (Gérard III de), seigneur de
Haraucourt, Bayon, Ubéxy, sénéchal de Lorraine
et du Barrois (1438), conseiller de René d'Anjou,
chevalier du Croissant, le 19 septembre 1449 ; frère
du précédent ; époux de Catherine de Chaufour,
fille de Guillaume et de Catherine de Chauvirey ;
mort après le 11 septembre 1475.

Mêmes armes que ci-dessus.

HARPEDANE (Jean III de), seigneur de Belleville et de Montaigu, conseiller et chambellan du
roi de France ; fils de Jean II et de Jeanne de Penthièvre ; marié, en premières noces, à Marguerite
de Valois, fille naturelle de Charles VI et de Odette
de Champdivers, légitimée par lettres patentes de
Charles VII, de janvier 1427 ; en secondes noces,
en 1458, à Jeanne de Blois, dite de Bretagne, fille
de Jean de Chatillon de Blois, comte de Penthièvre
et de Goëllo, et de Marguerite de Clisson.

(1) Blason encore visible en 1620, à Saint-Maurice d'Angers.

Gironné de vair et de gueules, de douze pièces (1).

LA HAYE (Bertrand de), seigneur de Maulevrier.

*D'or, à deux fasces de gueules, accompagnées de neuf
merlettes du même; quatre en chef, deux sur les flancs
et trois en pointe.*

LA HAYE (Jean de), seigneur de Passavant,
chambellan du duc de Bretagne (1442), écuyer du
connétable de Richemont ; frère de Bertrand.

Les mêmes armes que ci-dessus, et sur le tout :
*Écartelé : aux 1 et 4 d'azur, à trois fleurs de lis d'ar-
gent ; aux 2 et 3 aussi d'argent, à trois fusées de sinople accompagnées de huit tourteaux du même, quatre
en chef, quatre en pointe.*

LA HAYE (Louis de), seigneur de Maulevrier
et de Passavant, maître de l'artillerie de Bretagne
(1487), gouverneur du comté de Montfort, chambellan du duc ; fils de Jean.

Les mêmes armes que ci-dessus.

Louis de La Haye fut envoyé par le duc de Bretagne en 1487, avec plusieurs autres seigneurs, auprès du roi de France, pour négocier la paix avec lui.
La reine Anne, duchesse de Bretagne, lui donna
en 1501 la charge de maître d'hôtel pour le dédom-
mager de son gouvernement de Montfort (2).

---

(1) Ce sont les armes de l'ancienne famille de Belleville,
en Poitou, qui furent relevées par Jean Ier de Harpedane,
connétable d'Angleterre, lors de son mariage avec Jeanne
de Clisson, dame de Belleville et héritière de cette maison
(Vicomte DE BUREY, *Les archives héraldiques d'Evreux*, p. 22).

(2) A. DE COUFFON DE KERDELLECH, *op. cit.*, t. I, p. 490.

LA JAILLE (Hardouin de), conseiller et chambellan de Nicolas d'Anjou, duc de Lorraine, seigneur de La Roche-Talbot et de Chaligny.

D'argent, à la bande fuselée de gueules ; à la bordure de sable, chargée de huit besants d'or.

Hardouin de La Jaille, dédia à René II de Lorraine, nous apprend Champier « un avis très considérable et très curieux touchant les combats en champ clos ».

LA JUMELIÈRE (Guillaume de), seigneur de la Guerche et de Martigné-Briant, capitaine du château de Beaufort.

D'argent à trois fasces d'azur (alias *fascé d'argent et d'azur*) ; *à la croix ancrée de gueules, brochant sur le tout.*

Guillaume de La Jumelière fut au nombre des chevaliers qui, par acte de l'an 1431, donnèrent caution avec obligation de rester à Nantes, jusqu'au jour où le comté de Beaufort aurait été livré. René de La Jumelière, seigneur de Martigné-Briant, probablement fils de Guillaume, ratifia, en 1498, le traité d'Etaples (1).

LAVAL (Guy II de), seigneur de Loué, Benais, Montsabert, La Faigne, Marcillé, etc. ; premier chambellan et grand véneur du roi René (1445), sénéchal et grand-maître des eaux et forêts d'Anjou (1472), sénateur de l'ordre du Croissant dès sa création, chambellan de Charles VII ; fils de Thibaut de Laval, conseiller et chambellan de Charles VI,

(1) A. de Couffon de Kerdellech, *op. cit.*, t. ii, p. 531.

et de Jeanne de Maillé-Brézé ; époux de Charlotte
de Sainte-Maure, dame de La Faigne, fille de Jean
de Sainte-Maure, comte de Bénon, et de Jeanne
des Roches ; mort le 19 décembre 1484 et inhumé
dans l'église de Benais.

*D'or, à la croix de gueules, chargée de cinq coquilles
d'argent et cantonnée de seize alérions d'azur* (Montmo-
rency-Laval) (1) ; *au franc-quartier d'azur, semé de
fleurs de lis d'or, au lion d'or brochant* (Beaumont).

Guy de Laval fut un des tenants du fameux pas
d'armes de Tarascon (1449) ; il était monté sur un
destrier bai à la housse blanche, rouge et bleue,
ornée de rubans, le heaume sommé d'un grand cimier formé de plumes à trois couleurs, l'écu également
ment à trois couleurs. Il rompit trois lances contre
Philippe de Lenoncourt (voyez ce nom) et laissa
le champ libre à Jean Bézelin.

LENONCOURT (Philippe de (2), seigneur de
Lenoncourt en partie, de Gondrecourt, Serres,
Frouard, grand-écuyer de René d'Anjou, conser-
vateur des juifs en Provence, conseiller et cham-
bellan de Louis XI ; deuxième fils d'Hermann de
Lenoncourt et de Jeanne de Luxembourg de La

(1) La maison des anciens sires de Laval s'était fondue,
en 1221, dans une branche de la maison de Montmorency,
et celle-ci, en 1414, dans la famille bretonne de Montfort-
Gaël, par suite du mariage de Jean de Montfort avec Anne
de Laval et de Vitré. Une des conditions de ce mariage fut
que Jean de Montfort et ses descendants prendraient les
noms et les armes de Laval.

(2) Cette illustre famille, dont l'histoire est intimement
liée avec celle de la maison de Lorraine, formait avec les
du Châtelet, de Haraucourt et de Ligniville (voyez ces deux
derniers noms) ce qu'on appelait les *quatre grands chevaux
de Lorraine.*

Tour ; époux de Catherine de Beauvau, fille de
Bertrand, chevalier du Croissant, et de Jeanne de
la Tour-Landry ; mort après 1483.

D'argent, à la croix engrêlée de gueules.

Philippe de Lenoncourt avait été, en 1436, avec
son frère Thierry, otage et caution du roi René,
alors prisonnier du duc de Bourgogne, Charles-le-
Téméraire. Son dévouement pour René, sa passion pour la guerre et les tournois lui valurent le
renom d'un preux et vaillant chevalier. Les beaux
faits d'armes accomplis au *Pas de la Bergère* (1449)
augmentèrent encore la réputation qu'il s'était
acquise, l'année précédente, à l'*Emprise de Joyeuse-
Garde*, où il avait reçu un magnifique destrier pour
prix de sa victoire. Au tournois de Tarascon, il
portait un bourrelet d'argent, de gueules et d'azur,
le volet de gueules chargé d'un écu à ses armes, et
pour cimier un double éventail ou vol d'argent
chargé d'un autre écu à ses armes.

LENONCOURT (Thierry III de), seigneur
de Lenoncourt, bailli de Vitry-en-Perthois, chambellan et conseiller de Charles VII et du duc de
Guyenne, son frère, gouverneur de La Rochelle
pour ce duc, capitaine de Dun-le-Roi (1472), de
Château-Thierry (1473), de Châtillon-sur-Marne
(1474) ; frère aîné du précédent ; marié : 1º avec Marguerite de Laval, veuve d'Arnoul de Sampigny ;
2º avec Antoinette, dame de Harouë ou Harouël,
fille de Henri, seigneur de Sarobbé, et d'Isabelle
de Nancy ; mort à Paris, le 7 novembre 1483, et
inhumé dans l'église des Cordeliers de Toul.

Mêmes armes que ci-dessus.

Ce brillant chevalier fut envoyé par Louis XI,

comme ambassadeur, auprès de l'Empereur, en mars 1477. La même année, il reçut du roi les terres de Beaufort, Largicourt, Soulanges et Villemoyen, confisquées sur Jacques d'Armagnac, duc de Nemours.

LE POULCHRE (N.), seigneur de la Motte-Messensé et de La Pouqueraye.

D'argent, à la fasce d'azur, (alias de gueules), accompagnée de trois roses de gueules (alias trois tourteaux du même).

LE VÉNEUR (Philippe), baron de Tillières, seigneur du Homme et de Valquier ; fils de Jean, seigneur du Homme, tué à Azincourt (25 octobre 1415), et de Jeanne ou Agnès Le Baveux ; marié, le 20 janvier 1450, avec Marie Blosset, fille de Guillaume, seigneur de Saint Pierre et de Carrouges, et de Marguerite de Malestroit ; mort en 1486.

D'argent, à la bande d'azur chargée de trois flanchis d'or.

LÉVIS (Bermond de), baron de la Voulte, conseiller (1468) et chambellan (1469) de Charles VII ; deuxième fils de Philippe IV, comte de Villars, vicomte de Lautrec, seigneur de La Roche, d'Annonay et du Pradel, et d'Antoinette d'Anduze, dame de La Voulte ; marié, le 14 janvier 1422, avec Agnès de Château-Morand, fille de Jean, seigneur dudit lieu, et de Marie de Frolois ; mort fort âgé en 1487, et inhumé dans l'église de l'abbaye de Saint-Ruf, hors les murs de Valence.

D'or, à trois chevrons de sable ; au lambel componé de.... et de....,

LIGNIVILLE (Gérard de), seigneur de Tumejus, bailli des Vosges (1473), gouverneur de Lorraine; quatrième fils de Ferry Ier, chevalier, seigneur
de Tantonville, Tumejus, souverain de Puznel et de
Goraincourt, et de Comtesse de Graux, dame de
Tumejus et de Bulligny; mort sans alliance.

Losangé d'or et de sable.

Gérard de Ligniville (on dit aussi Ligneville) com-
battit vaillamment aux côtés de René II de Lorraine, lors de la fameuse bataille de Nancy (5 janvier 1477), où Charles-le-Téméraire trouva la mort.

LORRAINE (Ferry II de), comte de Vaudemont, baron de Joinville, gouverneur du duché de
Bar, grand sénéchal d'Anjou et de Provence, dernier sénateur du Croissant (1471), lieutenant général des armées du duc Jean II dans la guerre de
Catalogne (1469); fils d'Antoine (1), comte de Vaudemont, et de Marie d'Harcourt (2); marié, par
traité du 1er juillet 1433, avec Yolande d'Anjou,
fille aînée de René et d'Isabelle de Lorraine; mort
en 1472, et inhumé dans la collégiale de Joinville.

*D'or, à la bande de gueules, chargée de trois alérions
d'argent* (3).

(1) Quelques auteurs ont fait figurer Antoine de Vaudemont parmi les chevaliers du Croissant. C'est une erreur
manifeste, puisqu'il mourut en 1447, un an avant l'institution
de l'ordre.

(2) Elle survécut plus de vingt ans à son mari. Le peuple
lorrain l'avait surnommée la *Mère des pauvres*. Lors du siège
de Vaudemont (1431) par René d'Anjou, Marie d'Harcourt
monta à cheval, fit armer ses partisans et les conduisit à
son mari qu'elle seconda puissamment dans toutes ses en-
treprises. (Henriquez, *Abrégé de l'Histoire de Lorraine*, p. 230.)

(3) Blason encore existant en 1620 à Saint-Maurice d'Angers.

MAILLÉ (Gilles de), seigneur de Brézé, chambellan et grand maître de la vénerie de René d'Anjou, chevalier du Croissant, le 27 juillet 1449 ; fils
de Péan III de Maillé, seigneur de Brézé, et de
Marie de Maillé ; époux de Jeanne Amenard, fille
de Jean, chevalier du Croissant, seigneur de Chanzé
et de Bouillé, et de Marie Turpin.

D'or, à trois fasces nébulées (alias *ondées) de gueules ;
à la bordure componée d'argent et de sable* (1.)(Brisure).

Gilles de Maillé suivit en Italie René d'Anjou et
en obtint les aides et les tailles des terres de Brézé
et de Milly de l'année 1437. Ce prince, en considération des services qu'il lui avait rendus au royaume
de Naples, le gratifia, l'année suivante, d'une pen-
sion de 200 livres qu'il lui continua toute sa vie, et
le récompensa encore des efforts qu'il avait faits
pour déterminer les Etats d'Anjou, en 1449, à ac-
corder une dotation à sa fille Marguerite, à l'occasion de son mariage avec Henri VI, roi d'Angleterre.

MARCELLO (Jacques-Antoine), patricien de
Venise, provéditeur de l'armée de la République
en 1453.

D'azur, à la fasce (2) (alias *bande*) *ondée d'or.*

Ce noble Vénitien est l'auteur d'un poème latin
que tous les historiens du roi René y compris
Lecoy de La Marche croyaient perdu ; ce ms.
(39 feuillets), intitulé *Passio Mauritii et sociorum ejus*

(1) Blason encore visible, en 1620, dans la chapelle des chevaliers du Croissant à Saint-Maurice d'Angers.
(2) La *fasce ondée* symbolise ici la mer (*mare, mar*) ; ce
sont donc des armes parlantes.

(1453), se trouve à la Bibliothèque de l'Arsenal (nº 940).

Par dévouement pour le fondateur de l'ordre du Croissant, Marcello s'était fait le champion de la cause angevine en Italie ; son crédit était à la hauteur de son dévouement ; aussi François Sforza engageait-il René d'Anjou à ne pas le négliger et à profiter le plus possible de son ardente sympathie. Plus tard, les circonstances voulurent que ces deux savants personnages se rencontrassent à la tête de deux armées ennemies ; ce fut Marcello, devenu provéditeur de la république de Venise, qui reçut la déclaration de guerre envoyée à cette puissance par le roi de Sicile, et qui se fit battre par lui dans les plaines lombardes. On ne voit pas que cette hostilité officielle ait altéré leurs sentiments réciproques ; car Marcello, quatre ans plus tard (1457), envoya à son royal ami un exemplaire de la *Cosmographie* de Ptolémée, accompagné d'une lettre des plus affectueuses.

Une autre fois, Marcello, ayant pu se procurer la transcription d'une homélie de saint Jean Chrysostome, récemment découverte, s'empressa de la communiquer au roi de Sicile comme à l'un de ceux qu'une semblable trouvaille devait le plus intéresser (1). C'est encore par l'entremise de Marcello que René put obtenir une copie du texte de Quintilien nouvellement retrouvé par le Pogge, le traité de Pompilius Lælius, *De arte grammatica*, et la première traduction latine de Strabon, faite par Guarini, de Vérone, sur l'ordre du pape Nicolas V (2).

(1) PAPON, *Histoire de Provence*, t. III, p. 386.

(2) Vicomte L. F. DE VILLENEUVE-BARGEMONT, *op. cit.* t. III, p. 23.

MAS (*alias* MATZ) (René du), seigneur de Du-
restal et de Mathefélon ; époux de Marguerite de
La Jaille (voyez ce nom), fille de François et de
Jeanne de La Chapelle-Rainfouin.

*Ecartelé ; aux 1 et 4 d'argent, fretté de gueules ; au
chef échiqueté d'or et de gueules ; aux 2 et 3 d'hermine, au bâton de gueules péri en bande.*

MÉVOLHON (1) (Pierre de), seigneur de Ri-
biers, chambellan et grand écuyer de René d'Anjou, viguier de Marseille (1455) ; probablement fils
de Guillaume, sénéchal de Beaucaire (1405) ; mort
avant le 23 novembre 1471.

De gueules, à la fasce échiquetée d'argent et de sable.

MONTBERON (Guichard de), seigneur d'Avoir
et de Grézigné, baron de Mortagne, grand écuyer du
roi de Sicile ; deuxième fils de François, baron de
Montberon, et de Louise de Clermont ; marié en
1446 avec Catherine Martel, fille unique de Louis,
seigneur de Beaumont-Pied-de-Bœuf, et de Marie
de La Tour-Landry.

Ecartelé : aux 1 et 4 burelé d'argent et d'azur (Montberon) ; *aux 2 et 3 de gueules, semé de trèfles d'or ; à
deux bars adossés du même, brochant sur le tout*
(Clermont-Nesle) (2).

(1) *Alias* Mévillon, Mévouillon, Meuillon. L'origine de
cette puissante et illustre maison, qui possédait les baron-
nies de Mévolhon et de Montauban, situées sur les marches
du Dauphiné et de la Provence, se perd dans la nuit des
temps, et tant de familles ont été substituées à ce nom,
qu'il est très difficile de se reconnaître dans la généalogie
de ceux qui l'ont porté.

(2) Armoiries encore visibles en 1620, à Saint-Maurice-
d'Angers,

NASSAU (1) (Jean II de), comte de Nassau et de Sarrebruck ; fils de Philippe, comte de Nassau et de Sarrebruck, et de sa première femme Catherine de Lorraine ; marié : 1° avec Jeanne, comtesse de Linange et de Hennenberg († 1450) ; 2° avec Elisabeth de Wittenberg, fille de Louis, comte de Wittenberg ; mort en 1472, après avoir gouverné ses états pendant 43 ans.

Ecartelé : aux 1 et 4 d'azur, semé de billettes d'or ; au lion du même, armé, lampassé et couronné de gueules, brochant sur le tout (Nassau); aux 2 et 3 d'azur, semé de croisettes d'argent : au lion du même, couronné d'or, brochant sur le tout (Sarrebruck).

PAZZI (Jacques de), maître d'hôtel du roi René (2) viguier de Marseille (1459, 1462 et 1464),

(1) On peut s'arrêter philosophiquement un instant sur ce fait de la fin d'une race princière. Après sept cents ans, la maison de Nassau vient de s'éteindre (janvier 1906), le grand-duc de Luxembourg — à qui un plus long avenir semblait réservé — ne laissant que des filles. Pendant des siècles, les Nassau, qui sont nombreux, se divisent en deux branches et ces branches se subdivisent elles-mêmes en une infinité de rameaux. Les Nassau donnent des rois à l'Angleterre et à la Hollande, des princes à l'Allemagne ; ils sont légion ; on croirait leur postérité assurée à jamais. Cependant, dans la seconde partie du XIX° siècle, la mort frappe sans relâche sur cette très ancienne maison, qui disparaît aujourd'hui, après avoir connu, dans le cours des siècles, des fortunes très diverses.

(2) C'est pendant son séjour à Florence (1442) que René s'était intimement lié avec le chef d'une des plus opulentes maisons du pays, qui avait déjà rendu de grands services à la sienne, et dont il utilisa lui-même, par la suite, le concours dévoué : c'était André de Pazzi, père de Pierre, lequel remplit plus tard d'importantes missions diplomatiques relatives aux affaires de Naples. Le roi de Sicile voulut tenir sur les fonts baptismaux le fils de ce dernier

seigneur d'Aubignan ; époux d'Alix [de Baux, fille de François, seigneur de Marignane, et d'Urbaine d'Agoult ; mort après le 22 septembre 1487, jour où le conseil d'Avignon refusa de ratifier sa nomination de viguier de cette ville, parce que son père avait fait banqueroute.

D'azur, semé de croisettes recroisetées au pied fiché, d'or ; à deux hars adossés du même, crêtés et oreillés de gueules, brochant sur le tout (1). (Concession de la maison de Bar en 1388.)

PLESSIS (Jean du), dit le *Bègue*, seigneur de Parnay, viguier de Marseille (1431, 1474 et 1477) ; conseiller et chambellan du roi de Sicile ; époux de Michelle des Louzis (2).

D'azur, au lion d'or, couronné lampassé et armé de gueules. Devise : *A jamais celle* (3).

qui venait de naître, et lui donna son nom ; il ne se borna pas à cette marque de faveur et arma l'aïeul chevalier de sa propre main. Plusieurs membres de cette famille furent employés en maintes circonstances par les princes d'Anjou. Michel et Alamanno (ce dernier était fils de Jacques), banquiers établis à Paris et à Avignon, leur servaient souvent d'intermédiaires pour le paiement de leurs hommes d'armes, pour des commandes ou des achats objets d'art. En 1478, cette puissante maison tomba dans la ruine, à la suite de la fameuse conspiration qu'elle avait ourdie contre les Médicis.

(1) Armes primitives : *D'argent, à six croissants appointés, entrelacés et alternés, d'azur et de gueules, mis en cercle.*

(2) Voici en quels termes cette noble dame, alors veuve de Jean de Parnay, écrivait à René d'Anjou : « Sire, je me recommande à vostre bonne grâce tant et si humblement comme je puis, désirant sçavoir de vos nouvelles et santé plus que prince du monde, lesquelles je prie à Dieu qu'elles soient telles que je le désire chascun jour. » (QUATREBARBES, *op. cit.,* t. i, p. CXXXI.)

(3) Devise et blason encore visibles en 1620, à Saint-Maurice d'Angers.

RIBOULLE (Foulques), seigneur d'Assé; époux de Jeanne de Montejean.

Parti, émanché d'argent (alias *d'or*) *et de sable* (alias *d'azur*) *de huit pièces.*

SAINT-SÉVERIN (Robert de), prince de Salerne, 1ᵉʳ comte de Gaïasso, au royaume de Naples ; fils de Lionel de Saint-Séverin (Sanseverino), seigneur de Gaïasso, et de Lise Attendolo, sœur naturelle de François Sforza (voyez ce nom) ; mort noyé dans l'Adige, près de Trente, le 9 août 1488, en combattant valeureusement pour les Vénitiens contre la maison d'Autriche.

*Parti : au 1 d'*Aragon *(1) ; au 2 d'argent, à la fasce de gueules; à la bordure d'azur chargée de huit étoiles d'or* (Saint-Séverin).

Dès son avènement au duché de Milan, François Sforza donna à Robert de Saint-Séverin un commandement qu'il conserva pendant le règne de Galéas ; mais après l'assassinat de celui-ci (1476), Saint-Séverin fut l'agent de Ludovic le More. C'est lui qui surprit, en 1479, la ville de Tortone pour la livrer à l'usurpateur, et qui l'introduisit dans le château de Milan. Mais ces deux hommes, également fourbes et ambitieux, ne purent pas rester longtemps unis : Saint-Séverin quitta Ludovic le More en 1481. Il passa tour à tour au service des Vénitiens et de l'Eglise, et il se distingua dans plusieurs batailles. A sa mort, ses trois fils s'attachèrent à Ludovic le More et furent faits prisonniers avec ce prince à Novare par les Français, le

---

(1) Concession de Ferdinand Iᵉʳ d'Aragon, roi de Sicile, en faveur de Robert de Saint-Séverin.

10 avril 1500. Surnommé de son temps le *Mars de l'Italie*, Robert de Saint-Séverin, vrai type du *condottiere*, est le dernier des chevaliers du Croissant mentionné par les historiens.

SALM (JEAN VII, comte DE), fils de Jean VI, comte de Salm, et de Marguerite de Sierck ; époux de Anne de Haraucourt (voyez ce nom), fille de Jean III de Haraucourt et de Yolande de La Marck.

De gueules, à deux saumons adossés d'argent, accompagnés de quatre croisettes du même, 1, 2 et 1. Devise : Oncques ni jamais (1).

SFORZA (FRANÇOIS-ALEXANDRE), duc de Milan (1454) ; fils naturel de Muzio Attendolo dit *Sforza*, seigneur de Cotignola, et de Lucrèce Trezana ou de Tresciano ; époux : 1º de Polyxène Ruffo, veuve de Jacques Marilli (?) grand sénéchal du royaume de Naples, fille de Charles Ruffo, comte de Montalto et de Corigliano, et de Cevarella de Saint-Séverin ; 2º (1ᵉʳ août 1441) de Blanche-Marie Visconti, fille naturelle de Philippe-Marie Visconti, duc de Milan ; né à San-Miniato (Toscane), le 25 juillet 1401, mort à Milan, le 8 mars 1466.

Écartelé : aux 1 et 4 d'or, à l'aigle de sable couronnée du premier (LOMBARDIE) *; aux 2 et 3, d'argent, à la bisse d'azur en pal, couronnée d'or, engloutissant un enfant de gueules* (VISCONTI-MILAN).

VALORI (BARTHÉLEMY DE), duc de Gaëte et marquis de Lecce, au royaume de Naples, baron

___

(1) Devise et blason encore visibles en 1620, à Saint-Maurice d'Angers.

de Château-Renard , seigneur de Marignane, de Martigues et des Iles-d'Or, écuyer de Jeanne de Sicile, maître d'hôtel de Yolande d'Aragon, gouverneur d'Anjou (1527) ; fils aîné de Gabriel Ier de Valori, prince de Cosenza, et de Marguerite d'Anjou ; époux de Césarée d'Arlatan, fille de Jean d'Arlatan, surnommé le *Grand*, conseiller et maître d'hôtel de Louis III de Sicile, premier maître d'hôtel du roi René, seigneur de Gignac, Château-neuf-des-Martigues et Pélissanne, et de Bertrande des Porcelets ; né le 6 mai 1376, mort à Angers en..., et inhumé dans l'église des Dominicains de cette ville.

Ecartelé : aux 1 et 4 de sable, à l'aigle d'argent, chargée d'une croix de gueules sur l'estomac, et de croissants du champ sans nombre ; aux 2 et 3 d'or, au laurier arraché de sinople ; au chef de gueules.

Dans les lettres (1427) par lesquelles Yolande d'Aragon fait don à Barthélemy de Valori des seigneuries de Marignane, de Martigues et des Iles-d'Or, cette princesse déclare qu'il a généreusement quitté sa famille, ses amis, et Florence, sa patrie, pour s'attacher à son service.

VALORI (Gabriel III de), baron de Château-Renard, seigneur de Marignane, Martigues, Rognac, Eguilles, etc. ; sénéchal et gouverneur de Nîmes, viguier d'Arles, grand écuyer de René d'Anjou, sénateur du Croissant (17 juin 1450), gouverneur des villes et châteaux de Tarascon et de Beaucaire (1457), président des Etats de Provence (1467) ; fils cadet de Barthélemy et de Césarée d'Arlatan ; époux d'Honorée d'Aube ; né à Arles

le 3 juin 1412, tué en 1469 (1) au Pont-Saint-Esprit,
qu'il défendait contre les routiers.

Mêmes armes que ci-dessus.

Ce favori du roi René avait été élevé avec ce
prince et Louis III de Sicile, auxquels il voua dès
sa jeunesse le plus tendre attachement. Après s'être
distingué en Calabre, où sa valeur lui avait valu
le gouvernement de Cosenza, en 1433, Gabriel,
ayant perdu Louis III, vint se ranger sous les
drapeaux de René d'Anjou, qu'il suivit à la conquête de Naples. Il lui était tellement dévoué que,
pendant l'expédition de ce prince contre les Gê-
nois, il n'hésita pas, pour lui venir en aide, à vendre
ses terres de Marignane, de Château-Renard, Eyragues, Graveson et Rognac.

(1) Par lettres du 17 novembre de la même année, René
commit Guy de Quatrebarbes, chevalier angevin, pour aller
chercher le corps « de son parent et fidèle amy ». (H. DE
VALORI, *op. cit.*, p. 72.)

III

ARMORIAL

DES OFFICIERS DE L'ORDRE DU CROISSANT (1).

BERNARD dit MOREAU (Etienne), receveur général des finances de Marie d'Anjou, femme de Charles VII (1428), et de Louis II de Sicile (1431), conseiller de Charles VII, trésorier du Croissant (1448).

Écartelé d'argent et de sable, à quatre rocs d'échiquier de l'un en l'autre ; sur le tout un écusson d'azur chargé d'une fleur de lis d'or.

Par lettres de 1433, Charles VII dispensa cet officier de faire preuve de noblesse et lui permit de mettre sur le tout de ses armes l'écusson décrit ci-dessus, au lieu de celui qui s'y trouvait antérieurement, et qui était : *de sable à l'étoile d'or.*

BRESLAY (Jean), juge ordinaire d'Anjou, chancelier du Croissant , en remplacement de

(1) Bien que les officiers du Croissant n'aient pas fait partie de l'ordre, à proprement parler, nous avons cru devoir consacrer à chacun d'eux une courte notice, qui complétera ce que nous avons écrit plus haut, pp. 13-17.

Charlés de Castillon ; mort en 1473.

D'argent, au lion de gueules tenant dans sa patte dextre un croissant d'azur.

CASTILLON (Charles de), chancelier (1448). C'est le seul des officiers du Croissant qui ait été en même temps chevalier de l'ordre. (Voyez ci-dessus, p. 36.)

CHARNIÈRES (Jean de), secrétaire et argentier du roi René, greffier de l'ordre.

D'argent, à trois merlettes de sable ; au croissant de gueules en cœur.

CROISSANT (N. dit), héraut ou poursuivant de l'ordre.
Armes inconnues.
Cet officier, dont le nom patronymique n'est pas parvenu jusqu'à nous, semble avoir été *persona gratissima* auprès du roi René, qui le nomma intendant du château d'Angers et l'envoya en mission à Barcelone ; il le servit avec un dévouement sans bornes et mourut longtemps après lui à Angers. C'est de ce personnage ou de quelqu'un des siens que Bourdigné tenait une partie des renseignements à l'aide desquels il a retracé la vie du bon roi.

FERRIER (Antoine), évêque d'Orange (1445-1454), maître de la chapelle du roi et de la reine de Sicile, chapelain de l'ordre ; mort en 1454.
Ce prélat assista, le 3 décembre 1448, à la translation des reliques des saintes Maries, présidée par le roi René.
Armes inconnues.

HOUSSAY (N. du), conseiller du roi René, roi d'armes de l'ordre, surnommé *Los*; mort avant 1467.

D'azur, à trois lions d'argent, armés, lampassés et couronnés de gueules.

En considération des services du sire du Houssay, René donna à son fils Gilles du Houssay, licencié ès lois, le 14 janvier 1467, le bail à ferme de ses seigneuries de Chailly et de Longjumeau, parce qu'il était originaire du pays, jeune et désireux d'aller étudier à Paris.

LE ROY (Pierre, dit Benjamin), vice-chancelier du roi de Sicile, trésorier de l'ordre, en remplacement de Bernard.

Armes inconnues.

BIBLIOGRAPHIE (1).

ANSELME (Le P.). *Histoire généalogique et chronologique de la maison royale de France,* 1733-1766. 12 vol. in-fol.

Armorial des chevaliers de l'ordre du Croissant (XVIIe s.). In-4º. Recueil de 58 planches sans légende, gravées sur cuivre.

Armorial des chevaliers de l'ordre du Croissant (XVIIIe s.). In-fol. Ms. de la Bibliothèque d'Angers (nº 1000).

BRIANÇON (R. DE). *L'Etat de la Provence,* 1693. 3 vol. in-12.

BONANNI (P.). *Ordinum equestrium et militarium catalogus in imaginibus expositus et cum brevi narratione,* 1711. 2 vol. in-8º.

CHAZOT DE NANTIGNY. *Tablettes historiques, généalogiques et chronologiques,* 1749-1757. 8 vol. in-12.

COURCELLES (DE). *Nobiliaire universel de France,* 1872-1875. 20 tomes en 40 vol. in-8.

DENAIS (J.). *Armorial général de l'Anjou,* 1878-1885. 3 vol. in-8º.

GIUSTINIANI (B.). *Historie chronologiche dell'origine de gl'ordini militari e di tutte le religioni cavalleresche,* 1692. 2 vol. in-fol.

HERMANT. *Histoire des religions ou ordres militaires de l'Eglise et des ordres de chevalerie,* 1698. In-12.

(1) Cette bibliographie ne comprend que les ouvrages — les principaux seulement — qui n'ont pas été mentionnés dans le cours de notre travail.

Hozier (D'). *Armorial général de France*, 1738-1768. 12 vol. in-fol.

La Chesnaye des Bois (de). *Dictionnaire de la noblesse*, 1863-1876. 19 tomes en 39 vol. in-4°.

Lainé. *Archives généalogiques de la noblesse de France*, 1828-1850. 11 vol. in-8°.

Moreri. *Le grand dictionnaire historique et biographique*. 1770-1786. 15 vol. in-fol.

Pétrineau des Noulis. *Notes pour servir à l'histoire de l'ordre du Croissant* (XVIII° siècle). In-fol. Ms. de la Bibliothèque d'Angers (n° 1001).

Pithon-Curt. *Histoire de la noblesse du Comté-Vénaissin, d'Avignon et de la principauté d'Orange*, 1743-1750. 4 vol. in-4°.

Saint-Allais (de). *Nobiliaire universel de France*, 1814-1843. 2 vol. in-8°.

Sainte-Marthe (S. et L. de). *Histoire généalogique de la maison de France*, 1628. 2 vol. in-fol.

Schoonebeck (A). *Histoire de tous les ordres militaires ou de chevalerie*, 1699. 2 vol. in-8°.

Ségoing (C.). *Armorial universel*, 1654. In-fol.

INDEX HÉRALDIQUE

Agoult (Fouquet d').	24	Champagne (Pierre de).	38
Agoult (Raymond d').	25	Charnières (Jean de).	65
Amenard (Jean).	26	Châtel (Tanneguy du).	39
Anglure (Saladin d').	26	Clérambault (Antoine).	40
Anglure (Simon d').	27	Clermont-Gallerande	
Anjou ancien.	28	(L. de).	40
Anjou (Charles d').	28	Clermont-Nesle.	57
Anjou (Jean d').	28	Cossa (Gaspard).	40
Anjou (René d').	29	Cossa (Jean).	43
Anjou-Sicile.	28	Craon.	33
Aragon.	29	Fénestrange (Jean de).	45
Avaugour (Guy d').	31	Glandevès (Hélion de).	47
Bar.	28	Glandevès (Pierre de).	47
Beaumont.	54	Haraucourt (André de).	48
Beauvau (Bertrand de).	32	Haraucourt (Gérard de).	48
Beauvau (Jean de).	33	Harpedane (Jean de).	48
Beauvau (Louis de).	34	Hongrie.	28
Bellay (Jean du).	35	Houssay (N. du).	66
Belleville.	48	Jérusalem.	28
Bernard (Etienne).	64	La Haye (Bertrand de).	49
Bournan (Louis de).	36	La Haye (Jean de).	49
Bournan Thibaut de).	36	La Haye (Louis de).	49
Breslay (Jean).	65	La Jaille (Hardouin de).	50
Brézé (Jacques de).	36	La Jumelière (Guillaume	
Castillon (Charles de).	37	de).	50
Champagne (Brandelis		Laval Guy (de).	51
de).	37	Lenoncourt (Philippe de).	52
Champagne (comtes de).	38	Lenoncourt (Thierry de).	52

Le Poulchre (N.).	53	Nassau (Jean de).	58
Le Véneur (Philippe).	53	Pazzi ancien.	59
Lévis (Bermond de).	53	Pazzi (Jacques de).	59
Ligniville (Gérard de).	54	Plessis (Jean du).	59
Lombardie.	64	Riboulle (Foulques).	60
Lorraine.	28	Saint-Séverin (Robert de).	60
Lorraine (Ferry de).	54	Salm (Jean de).	61
Maillé (Gilles de).	55	Sarrebruck.	58
Marcello (Antoine).	55	Sforza (François).	61
Mas (René du).	56	Valori (Barthélemy de).	62
Mévolhon (Pierre de).	57	Valori (Gabriel).	63
Montberon (Guichard de).	57	Visconti-Milan.	64
Montmorency-Laval.	54